JN441109

우스운 일

우스운 일

김현조 시선집

신아출판사

| 시인의 말 |

백내장과 부끄러움

3년째 백내장을 앓고 있습니다
맑은 날 없는 안개 세상입니다
상대방 얼굴이 뚜렷하지 않아서
인사 못한 적도 있습니다
졸작들이 안목을 가리고 있었습니다

시선집이라고 시를 골라보니 쭉정이 뿐입니다
부끄러움을 어찌할까 고민하다가
시인으로 얼굴 들고 다니는 것에 책임을 갖고
차라리 드러내놓고 환부를 도려내고자 합니다
"인쇄된 문장은 도끼로도 파낼 수 없다"는
러시아 속담이 더욱 부끄럽게 합니다

인연있는 독자재현의 해량을 바랍니다.

목차

1부

방안에 달 들이던 날

2부
비사벌에는 달 냄새가 난다

3부
당나귀를 만난 목화밭

4부
사막 풀

1부

방안에 달 들이던 날

꽃 마중하던 날

선암사로 달려가서
꽃 마중하던 날
눈이 쏟아져서
처마 아래 숨지노 않고
반갑다고 하늘을 보았다

반가움은 꽃소식보다 빠르게 소멸되고
사라진 뒤엔 슬픔처럼 군데군데
질퍽한 흔적이 남았다

사랑한다는 것은
기쁨과 함께 슬픔이 그림자처럼
나타났다 사라졌다하며
꽃으로 피었다가 봄눈처럼 사라지는가 보다

신임시 골짜기 물은
중생이 흘린 눈물과
중생구제 못한 보살이 흘린
눈물이 뒤섞여 흘러가고 있었다

만경강가 꽃 필 무렵

왜가리 물오리 꿈꾸는 만경강변 꽃타래 길
향기는 살(肉)이 되어 춤을 추었고
색은 뼈가 되어 빛나고 있었다
너를 위해서라면 나는 꽃이 되어
연정을 새긴 돌장승을 세우고
맞은 편에 의자를 마련해 두겠다

언젠가 너도 하얀 민들레꽃 보러
푸르게 숨 쉬는 만경강변을 거닐다가
우연히라도 나를 보거든
당장에 알아차리지 못해도
의자에나 앉아 쉬어가렴
너의 다정했던 목소리는
내 안에 스며든 불꽃이 되었으니
사백리 만경강가 환하게 밝힐테다

내 맘은 만경강물로 콧노래하며
달빛이 산책하듯, 호남벌판이 숨 쉬듯
민들레나 벚꽃으로 흐드러져서
노래하고 춤을 추겠다

꽃잎 위에서 자 봤니

봄눈 지나갈 때

매화와 참꽃사이
달이 뜰 때

꽃잎처럼 얇은
봄 꿈 꾸는

얼굴 하나
봤니

꽃잎 펼쳐지는 소리
장단 맞추며

덜어낼수록 더해지는
내 안에 든 얼굴

체면치레

중학교 올라가서 친구 집에 갔는데요. 저녁 식탁 위에 참기름이 발라져서 자르르 반짝이는 김이 먹기 좋은 크기로 가지런하게 놓여 있었는데요. 친구 어머니는 그 김을 내 앞으로 밀어주었고 김이 모락모락 피어나는 고기 볶은 것도 내 앞에 놓으며 친절을 베풀었습니다.

하필 동생이라는 계집애가 같이 밥을 먹게 되었는데요, 나는 김도 고기도 왕창 먹고 싶었는데요, 자꾸만 나를 쳐다보는 고 계집애가 촌놈이라고 깔볼까 봐 눈치가 보여서 참고 참으며 김치와 장아치를 많이 먹었습니다. 잔칫날에나 볼 수 있는 반찬들이 가득했지만 우습게 보이지 않으려고 두 그릇은 쉽게 먹을 수 있는데도, 한 공기만 먹었습니다. 더 먹으라는 권유에도 숟가락을 내려놓았는데, 계집애는 쌀밥을 김에 싸서 먹고 고기도 따로 먹는 것이었습니다.

전주천

누이야
견훤왕과 미륵불이 지금도 살아서
달이 뜰 때마다 눈물로 바라보는
일백리 전주천을 걸을 때는
지나간 하루, 일주일, 한달
그림자를 따라가보라
강물 위에서 먹이를 노리는 물오리 떼
강가를 어슬렁거리며 번뜩이는 왜가리 떼
그들도 물고기 튀어오르는 전주천에
삶을 온전히 바친다
견훤왕이 손모아 흘려보낸 유등油燈을
갈매기가 물고 가다 만경강에 부린 것을
누이야 보았는가

사랑하는 일은 기쁨과 그 뒤에 숨은
아픔까지 품는 일인가 보다
강물이 가끔 슬퍼서 울기도 하고
기뻐서 노래 부르기도 한다
자신의 그림자를 따라가다 보면
꽃잎에 스며든 햇살을 붙잡은 나비와
강물을 움켜잡은 수초가 절박함에도
고운 꽃을 피운 꿈을 본다
지나간 시간을 걷다보면

마음은 꽃물든 전주천만큼 맑게 흐른다
가슴에 시간을 깊이 밀어 넣고
하루, 일주일, 한달을 따라 가보라
지린내 진동했던 일제를 흘려보내고
한벽루에 옥처럼 빛나는 물방울을 보아라
누이야 보았는가
기린봉에 솟아오르는 달처럼
전주천에 새로운 기운이 피어옴을

적막에 생장점이 있다

할 일 없는 날이다 용수철처럼
튕기어 나간 봄이 돌아오지 않고 있었다
사진에 들었던 까마득한 풍경이 투시되었다
첫 매미는 봄과 여름을 분별할 줄 알았다
대롱대롱 푸른비가 내린 뒤 죽순이
쑥국새 노래부르며 쑤꾹쑤국 나왔다
7년 침묵시위를 털어낸 날이다
가슴에 차오르는 것이 있어서
쏟아내고 토해낸 낱말 중에
성장통 앓는 말들이
어린 햇살에 빛나고
필사적으로 온몸을 써서 활성화한
겉모양에 놀라 퍼렇게 물든 초록무리
적막이라는 경계가 생긴 날이었다
한마디로 변했다

여름 독해讀解

독해하고 싶다고 했다
여름이 떠난 날이었다
내통할 것이 없는 나를
흔들어 놓은 날이었다
암호는 풀라고 있는 것인지
감추라고 있는 것인지
암호를 대라고 채근했다
작두날 위에 선 것처럼 아슬했다
이판사판으로 기선제압
먼저 선전포고를 해야겠다
시는 암호가 없다

풍경이 있는 마당

들판을 곱게 길러낸 햇빛은
할 일을 다했다는 듯 한 발 물러났습니다
아버지는 땀에 젖은 수건과 노을을 기둥에 걸고 평상에 앉았습니다
어머니는 얼마 전부터 시작한 풀벌레 소리로 밥상을 차리었습니다
평상 가에 모깃불을 피운 건
풀내가 풀풀 나는 큰 아들이었습니다
꽃냄새 짙은 딸은 물 한사발을 아버지에게 건네었습니다
아버지는 콩나물처럼 쑥쑥 자라는구나 하며
신라의 달밤을 작은 소리로 불렀습니다
파란 힘줄이 보이는 고구마순 끓인 찌개를 들고
호박에 노란 세상이 가득 찼겠지 하며
어머니가 밥상 앞에 앉았습니다
오늘 캔 고구마 자리엔 가을이 차오를거요
아버지는 뜨거운 찌개를 먹으며 건성으로 대답했습니다
달은 떠오르고 마당은 한가득 출렁거렸습니다
풀벌레는 소리로 가을꽃을 피우는 마술을 부립니다
달에게서 쩡 소리가 났습니다

여름날 시정詩情

만날 날이 하염없다 하여도
끊어지지 않는 그리움 안고 있으면
댐이 강물 막아서듯 만날 날이 오리라고
무궁화 날마다 피고지고
섣달열흘 붉은 백일홍도
질 때를 서러워하지 않고
빈 가지로 남는 것도 걱정하지 않고
뒤돌아보지 않고 홀로 가면서도
네 마음 내 마음 쇠사슬로 묶어두려고
빈방에 달을 들이려고 사발에 물 떠놓듯
왜가리 물고기 채가듯
기다리며 서성인다
여름과 나는 쌍벽이다

가을이 오면

나무를 보고 있으면
얼굴도 물들어간다
초록 덩어리로 버무려 놓아도
이때가 되면 서절로 빌게지는
단풍잎같이
가만가만 서늘하게 다가오는
희멀건 달이 뜰 때
풀벌레들은 숲을 흔들며 운다
산도 색을 덜어내고 있다
작년 가을은 흔적이 없고
내년 가을은 짐작할 뿐이다
나는 만경강변을 따라 걸어가서
지구를 떠나지 못하고 비린내를 풍기는
새만금에서 달을 만나
사랑해야겠다
변산은 실없이 붉어지겠다

백로白露

언제부터인지 창틀에 터를 잡은 거미
명당자리라고 내놓을 기색이 없다

강남 집값이 100억은 일도 아니라는 뉴스 자막이 흘러간다
대부분 사람들이 강남에 집을 마련하는 일은
아주 힘들거라고 중얼거렸다

거미도 새집으로 이사하는 일이 쉽지 않을 것 같아
나만 말끔한 계절을 맞이하려던 마음을 고쳐먹었다

예감보다 빠르게 다가와 주변을 맴도는
차가워진 계절 안으로 들어가서
슬픔에 빠져 있을까 염려되었는데

단단해진 독니로 야밤 맹수가 된 거미와
다른 죽음을 위한 진혼곡 부르는 귀뚜라미도
언젠가 각자 맞는 집으로 돌아갈 것이다

햇살에 묻어있는 더위는 나뭇잎이
계절의 창문을 닫아도 스며들었고
거미줄에 걸린 작은 가을이 출렁거렸다
나뭇잎과 거미 사이에는 형용사가 주렁주렁하였다

방안에 달을 들이던 날

어머니는 새벽마다 아궁이에서
구름을 꺼내 지붕 위에 걸었다
분주한 발자국들은 대문을 나섰다가
저녁 무렵엔 노동의 무게를 달고 돌아왔다
아무렇게나 신발을 벗고 누워도
바위처럼 든든한 집은 편안하였다

방 안에 달을 들이면 등燈이 되었다
낮은 조명에도 소리는 빛났다
이런 밤에는 풀벌레도 작은 소리로 끼어들었다
헝클어진 소리로 가득한 방안엔 꿈도 있었다
꿈은 각각이라서 같이 갈 수는 없었다

다시 가을이 왔다
달은 하늘에 환하게 있어도 비치지 않고
방은 비었어도 채워지지 않았다
그때는 돌아오지 않았다

가을이 오고 있다

매미소리 출렁대던 여름이 지나갈 무렵
포기하기보다 싫은데 밀려나고 있었다
투명에 잠든 시간을 깨우지 못하면
여름에 스며들어 사라지고 말 것이다
소낙비 폭우로 지나가던 날
온몸이 저려와 시간이 꿈틀거렸다
교향곡 같았던 정열의 폭우는 악보를 남기지 않았다
나뭇잎에 가을이 괴어있었다
그 틈으로 스며들고자 했으나
거친 호흡같은 불안
가시 돋친 햇빛이 성글었다
절대로 돌아갈 수 없는 시간 속에는
너의 흔적이 녹아버렸고
만져지지 않는 자취를
계절의 발목이 삐걱거릴 때마다
향기가 배어 나왔다
가을이 천천히 오고 있었다
뒤척뒤척 낙엽 뒤적이는 소리에
계절마저 노래지고 있었다

햇살을 푸성귀에 비벼 먹다

나에게 빛을 맡겨 두었던 별
잠시 내려앉아 시간을 맡겨 두었던 나뭇잎
풀벌레도 내게 소리를 맡겨 두었구나
신새벽 홰치는 수탉에세도 빚을 졌더군
떫은맛을 쏙 빼낸 감은 홍시의 보드랍고 다디단 상상을 맡겼고
장미에게 물었더니 붉은 마음을 어찌했느냐 되묻는다
아직도 푸른 풀들에게 물었더니 청춘은 어디에 두었냐고 대답한다
소리가 소리를 잇고
빛이 빛을 놓지 않고
공간과 공간이 시간과 시간이
마음과 마음이 서로에 온전하게 다하는 것
잊지 않는다는 것 생각한다는 것
보지 않고 듣지 않고 말하지 않으면 빛이 감해진다고?
썩은 동아줄이라도 붙잡고 이 가을 견디고 있는 어느 날
햇살을 푸성귀에 비벼 배부르게 먹다가
밥그릇을 들고 길에서 서성이다가
눈과 귀와 입을 없애 버릴 것
삼매에 들어 가을로 도망칠 것
빛나는 햇살로 조화를 부릴 것

착각하지마

소주집에 앉았는데
젊은이가 부모를 원망했다
얼굴이 못생겨서 여자가 떠나갔다고 했다

말해주고 싶었다
네 얼굴이 문제가 아니라 너의
지갑이 문제지 얼굴은 핑계라고

세상에 못생긴 남자는 없다
돈 없는 남자만 있을 뿐이다
살아보면 저절로 알게 된다

입동

한옥마을 은행나무 끝에 내려앉더니
손끝으로 다가왔다

달빛 머금고 비단치마 휘날리는
전주역 마중길이 소란했다
머물 수 없는 갈바람이 가로수를 흔들어대다
공중으로 튀어나갔다
아직 끝나지 않았다는 햇살은
더 깊어진 뿌리로 향했다

나무가 나뭇잎을 떨구는 것은
저 혼자 불이 되어
불보다 뜨거운 제 마음으로 태운다
추위가 고요하게 오는 것은
바쁘게 달려온 시간을
숲과 들판에 진정시키는 일이다

차창을 두고 하얀 김이 서리고
아침 호흡도 하얗게 시작한다

곰소항 햇김

곰소항에서 햇김을 사온날
갓 지은 밥을 젓갈 얹어 김에 싸 먹다가

"김에는 조선간장이 최곤데" 했더니
"김에는 참기름을 발라야 맛있다"는 아내와
급기야 출생지역까지 밥상에 올랐다

참기름을 발라서 반짝이는 김을
유리 찬함에 담아 식탁에 놓던
어머니가 그립다는 아내

아궁이에서 잔불을 허적거려
김을 잽싸게 구워내
무쇠 가위로 큼직하게 잘라주시던
어머니가 몹시 보고 싶었다

바닷바람에 말린 옛날 이야기책이
곰삭아져서 젖은 채로
목구멍으로 간신히 넘어갔다

어머니에게 버림 받은 줄 알았는데
아직도 우리를 끌어안고 있다는 것을
곰소항에서 사온 햇김을 먹다가 알았다

직소폭포

물 두께로 시간을
잰다고 했지

시간의 울음소리로
빚을 쌓는다고 했지

빛의 무게로
내 영혼을 덜어내고 말았다

소리는 덜컹거렸고
시간은 영영 얼지 않았다

항구에 정박되었던 바다는 떠나고
나는 눈 멀고
귀조차 어두워졌다

몽골에는 그림이 산다

초원을 그리는 김한창 그림을 보면
몽골이 궁금해진다

게르 문밖을 지키는 낙타 혹에는
말라버린 전설이 석류알처럼 박혀 있고
사막에서 캐낸 소금이 빛으로 앉아 있었다

양들은 양들끼리
말들은 말들끼리
늑대는 늑대끼리
자갈은 자갈끼리
저들끼리 주절거리는 소리
저들끼리 눈빛 비비는 소리

목동은 가끔 낙타 혹에서
그리움을 퍼내어 마실 것 같다

은하 바깥 소식을 게르에 들여놓고
깊은 얘기는 풀잎과 같이 들으려나 보다
꿈틀거리며 껍질을 깨는

흰 눈은 침묵을 뚝뚝 부러뜨리고

느티나무 발치에서 토끼 굴이 발견되었다
눈이 한치나 쌓인 날 아침이었다
굴 입구에 전출명령서가 붙었다

대숲에 들면 계절도 문을 닫고
소나무는 한 방울씩 피를 뽑아 겨울 숲을 밝힌다
달빛은 길게 뻗은 계절의 울음을 물고
제 해골인 것처럼 언 땅에 묻을 생각했다
메아리는 날카로운 칼이 되어 새들의 귀를 잘랐다

뚜둑, 뚜둑 밤이 부러지는 소리가 들렸다
유목인에게 안긴 별은 잠이 들었고
용을 쓰는지 달은 잠들지 못했다

절벽에서 뛰어내린 시간이 날개를 달고 솟아오르고
하얀 냄새를 아는 사람은 바람도 낚아채어 먹었다

눈은 계단으로 내렸다
토끼는 계단 옆으로 엘리베이터 새 굴을 뚫었다
흰 눈이 푸지게 온 다음 날이었다
달나라에서 쿵쿵 소리가 났다

내장산 단풍

색으로 장식했던 가을은 통증이었다
통증은 뼈까지 울렸다
통증은 목적지 같았다

계절마다 바뀌는 신호등 앞에 서 있었다
달빛을 담고 있는 물웅덩이에
단풍이 무리지어 내렸다.

가을 내장산은 혼자 넘지 못한다

해마다 몰려오는 저 무리를
어떻게 떠날 수 있겠는가

2부

비사벌에는 달 냄새가 난다

손님맞이

지리산에 사는 스님
절간 구석에
배추농사를 지었습니다
세 고랑은 사람의 것이고
한걸음 떨어진 작은 고랑은
손님의 것이랍니다
아침마다 찾아오는
배추벌레님을 이사시키는 일로
하루를 시작한답니다
속이 채워지기 전부터
김장배추를 같이 먹고 산답니다
고적한 산사에
참 귀한 손님이라고 합니다

우스운 일

고창 신재효의 방문은 낮았다
문틀이 낮아서
누구든 머리를 숙이고 들어와야 했다
갓을 쓴 사람은 더욱 낮추어야 했다

오래된 내 방도 문틀이 낮다
키 작은 나도 숙여야 한다
몸에 익숙해질 법도 한데
가끔 머리를 부딪친다

머리에 혹 하나 달고 정신차린다

부처님 미소가 자란 날

축! 메리 초파일

아랫녘 교회에서 보내 온 양란꽃등燈

연등보다 먼저 공양올렸습니다

귀신사 도량이 어느 때보다 환해졌습니다

느티나무는 혼자 웃다가 수염이 한치 길어났습니다

천사백년 걸려 온 달도 조심스레 빛을 공양올립니다

끄덕끄덕 부처님 미소가 자랐습니다

백제로 이팝꽃

쌀밥이 먹고 싶다는 어머니 진지를 위해
쌀독을 박박 긁어 한 그릇 지어 올리고
어머니 혼자는 잡수지 않을까봐,
마당가에 핀 하얀 꽃을 한 그릇 담아서
눈 어둔 어머니와 나란히 앉아 맛있게 먹었다는
심심산골 화전민이 남긴 이팝꽃 전설
만발한 전주 백제로를
다 주고 싶다
그 사람 아니라도
이팝꽃 만발한 팔복동 철길
한 거리를 통째로 주고 싶다

오월,
하얗게 빛날 때
하얀 웃음 한 바가지 떠서
그대에게 바치고 싶다
배고픈 사람이 더는 없었으면 좋겠다

나팔꽃

천지사방으로 귀를 걸었다

세상으로 나간 문
돌아와 세상을 닫을 문

오직 당신에게 향한 귀만 열었다

칠월

유월이 아득히 멀어져갈 줄
그렇게 쉽게 떠나갈 줄 몰랐다
청포도가 퍼렇게 익어가고
논에서는 벼들이 푸른 바람을 일으킬 때
논개구리는 밤낮을 나누어 합창하였다
소나기는 무지개를 산과 들에 걸쳐놓고
밤하늘엔 낮의 소란함이 무리지어 반짝였다
타령조로 장단 맞추면서 시간도 흘러갔다
아무도 그립지 않은 날에는
몸 안에 통증이 찾아왔다
관절통이기도 하고 가슴통이기도 했다
문득 떨어지는 동백꽃처럼
오랫동안 참았던 눈물이 쏟아질 기미가 보였다
통증이 나를 설레게 할 수 있다는 것을 알았다
네가 지나간 자리에 흔적이 완벽하게 지워질 수 없다
그 흔적을 완벽하게 지우는 것은 다시 시작하는 것이다
붉은색이 어울리는 칠월이 온통 푸른색이다
힘줄도 푸르고 향기도 푸르다
가장 더운 한 달이 가장 짙게 푸르렀다
과수원을 지나온 바람이 도시를 만나서 더워졌다

푸른 날을 퍼나르던 바람이 무거워졌다
일 년을 기다린 견우와 직녀는 하룻밤과
사랑, 결코 포기할 수 없었다

칠월은 파랗게 흔들리며 익어가고 있었다

매미처럼 울었다

안녕! 짧은 인사로
화급히 그대 떠나고
선운사 상사화 필 때마다
구월 매미처럼 자지러졌다

다음 생에는 불쑥
단박에 나와서 꽃 피우지 말아야지
한마디씩 아홉 번 자라는 구절초처럼
조바심내지 않고 구월을 맞이해야지

마디마디 푸른 여름과
칸칸마다 구월 노을을 앉혀두고
머무는 것이 기적이 되도록
이야기 곳간을 비워두어야지

누굴 막론하고 가야 하는 저 너머로
더디게 아주 더디게 가자고
바위에 붙어서 너끈히 오백 년쯤
살아보자고 맹세해야지

달려갔더니

일이 났다고 급히 오라는 전화에
돌산 갓지 한 잎 베어먹다 말고
여수 바닷바람을 입안에 거두우고
황급히 달려갔더니
아중 호수 언저리에
사마귀꽃이 피었단다
한참을 쭈그려 앉아
쳐다보고 다시 쳐다보다가
돌아왔다

9월이었다

달에게 주다

완주 비봉에 살았던 진묵스님은
책을 얻어서 절로 돌아가는 길에
한 장씩 읽고 외운 장은 찢어버려서
절 문 앞에 당도했을 땐 빈손으로
미소 한 번 짓고
뒤도 돌아보지 않고
쑥 들어가 버리고는
달에게 책 속의 문장을
들려주었다고 한다

밤마다 지구 곳곳을 둘러보면서
책 속에 없는 온갖 것들을 알아내곤
얘기도 들려주지 않고 시침 뚝 떼며
아침저녁으로 바닷물을 조종하는
그 능력을 사모하는 것은 아니다
내가 보름달을 올려다보는 것은
달에게 돌려받고자 하는 것이 아니다
진묵스님이 달에게 들려준
비밀문장을 전해 듣고 싶은 것도 아니다
그냥 잘 있다는 모두 청안하다는 소식
서로가 그리워한다는 믿음이다

가을 이야기

아버지는 가을마다 쓸쓸함이 찾아온다고 했다
어머니는 아버지 등짝에 대고 혀를 차며
정신 채리시오 고까짓 가실, 해마다 돌아오는디
이디 자식 돌아오는 짓민 허겄소
후딱허니 곡식이나 집안으로 들이시오 하였다

아버지 가을은 붉은색
단풍과 더불어 마음이 붉어진단다 이럴 때마다
어머니는, 염려 말아라
아무렴 가실이 왔다고 또 나가시겄냐
그리봤쟈 다시 돌아온다 두고 봐라
에이 빌어먹을 가을, 역정을 내며
아버지는 어김없이
골목 어디까지 나갔다 돌아오셨다

어머니의 가을은 누란색
과일 익어가는 색을 닮았다
자식들 몰려오는 추석날
푸짐하게 보따리에 쌓아줄 생각으로
감이 더디 익는다고 하늘에 삿대질이다
베라먹을 찬바람이나 휑하니 부소
한몸에 죄다 붉어지라고

≫

보름달보다 환하게 웃어싸며
두 잔을 연거푸 부어야 직성이 풀리는
엄니가 여름내내 울궈낸 차를 마시고
자식들 수다를 싸매고 방으로 들어가면
홀로 벼랑벽에 기대어 잠든 어머니
달빛이 찾아와 창문을 톡톡톡
쉿!
건들지 말랑게

어머니의 봄

흔하디 흔한 들판에
이리저리 뒤채이던
민들레 한 무더기를 어디서
캐 오셨는지
뒤란 금 간 장독 뚜껑에
옮겨심어 놓고
간장 된장 고추장 묵은
장을 끼니마다 퍼 나르며
어르고 가꾸었다
어머니는 소담한 봄을
뒤란에 모셔놓고
등불처럼 봄을 피우셨다
뒤란이 환해졌다

적막함

말복 날 수박을 반으로 갈라놓고
호두나무 그늘에 앉았다
곁을 지키는 수캐가 하품을 하고
사막개미들도 낮잠 자러 가고
흔한 새 한 마리 보이지 않는다
햇살은 쏟아지는데
빛의 환함이라니
어린 고양이 발자국에
정오가 흔들렸다

파리가 수박 언저리에서 분주하다
가끔, 아주 가끔 나뭇잎이 동요하고
그때마다 미세한 소리가 허공을 흔든다
햇빛과 공기 그늘이 공짜라는 게
믿기지 않을 정도로 한가한 정오
느티나무 그늘이 늘어지게 낮잠을 잔다
나는 숨죽이고
등으로만 시간을 밀어냈다

고백

한 여자가 있었다
호수처럼 깊은 눈을 가진 여자는
호수에서 바라보는 저 별을
세상 무엇보다 사랑했고
나는 그녀를 별만큼 사랑했다
그녀는 팝송을 좋아했고
나는 트로트를 좋아했다
그럼에도 우리는 맹세했다
헤어지지 말자고
사랑을 핑계대며 헤어지지 말자고
그런 사랑은 그만큼만 사랑한 것이라고
그녀는 하늘을 보며 별 같은 노래를 부르고
나는 달을 보며 전설 같은 시를 짓기로 했다
하늘을 너무 사랑한 이유일까
그녀는 일찍 하늘로 가버렸고
오늘은 그녀와 그날을 기억하는 내가
죽음 후에도 영원하자던 약속을 어기고
다른 사랑을 시작한 이유를 털어놓고
용서라도 바라는 마음으로
고백하고 있는 것이다
가을엔 그런 것이다

외지인

젊디젊은 새신랑부부가
서울 명문대학교를 나와서
노동운동하겠다고 무연고인 정읍으로 왔다
민주화가 되고 나니 들불 같았던 운동들은
경제우선으로 노선이 바뀌었다
그때부터 지금까지 38년째 살고 있다
이 사람들은 아직도 타지사람이란다
마을에서 이장을 하고
기계영농으로 넓은 농토를 책임지고
동네 온갖 잡일까지 도맡아도
어른들 머릿속에는 외지인이다
여지껏 마을을 떠나지 못하는 이유가
자기들까지 떠나면 동네에 젊은 사람이 없단다
노인들의 젊은 자식들은 죄다 떠나고 없는데
둘이서 제일 젊은 육십대라고 한다
이십대 후반에 정착해서
그들이 낳아 기른 자식들도 서울살이 하고
자식들은 고향으로 알고 있는데
지금도 이방인으로 살고 있단다
서울 사는 자식들 고향은 정읍
정읍에서 38년째 살고 있는 사람은
외지인이란다

황산벌을 달리는 계백

소나기를 맞고 아파본 적 있는가 나는 먹장구름처럼 몰려온 화살 소나기를 맞을때 말들이 달리기를 멈추었고 칼은 허공에서 정지되었다 죽음이 난무하였던 황산벌에 오천 용사는 장렬하였다

사랑하는 아내여 아이들아, 두 마음을 품지 못하는 나는 백제의 성이었고 너희는 나의 별이었다 성이 무너지는 날 백제 하늘도 사라졌다 벌판을 적의 말이 달려가는 것은 내가 쓰러졌다는 것, 너희 하늘도 나의 하늘도 무너졌다 내 목숨과 오천 용사의 목숨이 별이 되었으나 우리는 목숨 따위 구걸하지 않았다 우리가 지키고자 한 것은 진정 너희의 하늘이었다

내 이름을 함부로 부르지 마라 목놓아 울지도 마라 나는 죽어서도 굴복하지 않았다 장에서, 캄캄한 어둠에 파묻힌 채 살고 있는 비목조차 남기지 않았던 용사의 죽음을 기억하라 나라도 성도 기억까지도 흔적뿐인 곳에서 사랑ㄴ 백제를 안고 모질게 살고 있다

죽어서도 다시 살아야 한다 천년 또 천년을 땅아래 살고 있다 꼭 필요한 계절이지만 공존이 되지 않듯 우리끼리 공존하지 못하고 공간과 시간을 달리하며 살고 있다 내 목숨이 다 건너지 못한 저 무량한 꿈을 키우며 가족과 용사들의 이름으로 살아간다 사멸한 고요가 숨 막히게 몰아쳐 오는 어둠이 걷힐 때까지 나는 계백이었다

≫

시간에 파묻힌 채 캄캄한 흙벽 깊은 곳에서 천삼백 년 전 사라진 나라로 살아온 나는 새로운 나라로 다시 살고자 한다 더 이상 죽은 자의 이름이 아닌 산 자의 이름을 새기노라, 나를 기억하는 자 새로운 계백으로 불러다오! 왕의 옆 사람을 경계하라

반가사유상

엷은 미소를 보면
그대가 생각난다
턱을 괸 모습을 보면서
그 사람 마음을 헤아려본다
오른쪽 발을 왼 무릎에 얹고
치마인 듯 날개인 듯한 옷을 걸친
늘씬한 상체를 보면서
내가 꿈속에 있구나 하고 느끼다가
꿈인 듯 현실인 듯 알아차리기 어려웠다
그대를 처음 만났을 때도 그랬다

단비斷碑

– 고부 군자정

고부에 가거든 군자정을 보아라
암행어사, 관찰사, 군수들의
송덕비와 영세불망비들이 나란히 서있지만
두 동강 나서 절반씩만 서있다
동학혁명군이 아니다
일제강점기 왜놈의 짓이 아니다
학정을 일삼고 돌에 새겨 넣은 이름을
이제야 단죄한다고
큰 망치로 두 동강 낸 것이다
민심이었다

내 밑둥을 일백년쯤 파 보아라
근간根幹마다 비겁하게 숨은 자들이
시간의 그늘에 숨어 살고 있다
그림자로 살고 있다

우리가 살아야 하는 이유가 너의 목줄을
지상으로 끌어올리는 일이다
그리하여 시간마다 그늘을 제거하고
그림자를 색출해 내는 일이다
뿌리가 환해지게 하는 것이다

아이들도 찾지 않는 한적한 날에는
밑둥이 간지러워 못 견디겠다
잘려진 몸통과 부러진 밑둥들이 발악중이다
이놈들아 장난을 그만두어라
내 뿌리는 너의 심장까지 뻗을 것이다

내 슬픔은 동진강을 건너지 못했다

황토현을 다녀오다가
동진강을 건너오다가
뒤따라온 노을을 바라보다가
왈칵 네가 생각났다
내 생에
구멍 같았던 네 이름
하필 노을 앞에서 생각났다
가을빛을 옴싹 끌어안은 나뭇잎이
위태롭게 까불거렸다
횃불같았던 태양이
황토현 너머로 잦아지고 있었다

100년 동안 성을 바꾸어 살면서도
숨어 살았지만 조상을 원망하지 않던
혁명군의 자손이었던 사실을,
사실을 부정하였던 과거를
누구에게라도 알리고 싶지 않았던
그대 조상만의 일은 아니지 않은가
일제 앞잡이 후손이 국회의원으로 빛나는 모습을 보면서
사회지도층으로 활보하는 모습을 보면서
가슴에 한을 재우고 사는 사람이

어디 자네만 있겠는가
공존이라고 말하지 마라
아직도 우리는 슬픔이 쌓여있다
이 슬픔가 연대하라
이 분노를
그들 앞에 펼쳐놓고 맘껏 울어볼 날 오리라

11월

다시 자작나무숲으로 가야겠다
설표처럼
묵언시간을 늘리고
사람과는 덜 만나도 좋은
이 가을
홀로 있음은
얼마나 큰 스승이더냐

완벽으로 단단해지기보다
틈으로 빈자리 마련하는 것이다
자작자작 바람에게 속삭이는 것은
너와 나의 거리만큼 비어두는 것이다

마이산 탑사 돌탑이
태풍에 무너지지 않는 것은
살짝 내어준 틈이 있어서다

첫눈을 맞이하고
첫서리를 맞이하는
십일월 어느 날엔
다시 길을 떠나도 좋으리

야 까리예츠*

칠월이 통째로 나무 그늘에 늘어져 있는 우즈베키스탄 한여름 살덩이가 나뭇가지에서 늘어진다 잎들 사이로 태양의 신경이 엿 보인다 섭씨 48도, 뭉툭한 듯 뾰족한 햇살이 오래된 전쟁처럼 땅을 향해 화살로 쏟아진다 당산나무 이래 평상에는 별이 흘려둔 그림자가 70년대 흑백세트장 필름을 돌리고 한 무리 사람들은 그림자를 깔고 앉아 나르드**를 놀고 다른 한 무리 사람들은 싸움닭 부리와 발톱을 갈고 있었다 낮잠 자는 사람 옆이 비었다

대문 틈새로 밖을 엿본다 오늘은 보이지 않는다 수문장처럼 대문 앞에 앉아 평상으로 가는 길을 막았던 오브차카***가 보이지 않는다 좌우 어디에도 없다 한 발 또 한 발 디뎌본다 평상을 향한 길이 뒤뚱거린다 인간세상으로 가는 길이다할애비 창가唱歌가 등에 붙어 따라오고 있다

"개를 만나거든 잡아먹겠다고 일러라, 아버지 또 할아버지 그 이전부터 카리예츠라고 알려라"

대가리가 아기 몸만 한 개가 어느새 다가와서 기저귀에 머리를 들이대고 큼큼거리며 이빨과 포획 사이를 가늠하고 있다 아기가 걸음을 멈추었다 세상은 적요하다 솔개는 공중에서 정지했고 마중 나간 당산나무 이파리들이 파랗게 질렸다

—야 카리예츠!

≫

개는 달렸다 천둥이 울리고 번개가 쳤다 혀는 길게 삐져나왔고 꼬리를 하늘로 치켜들고 달렸다 쬐깐한 게 귀신같은 얼굴을 들이밀고 뇌성을 지른다 두 손이 허리춤에 올라가 있고

눈가엔 눈물이 괴었다

여름이 기우뚱 현기증을 일으키고 폭염은 고독을 피웠다 사막에서 핀 꽃은 여름을 두려워하지 않는다 눈빛 우글거리는 나무 아래로 기저귀를 차고 가는 것도 한 생이다 싸움닭들이 고개 돌려 경배하듯 싸움을 멈춘 한낮, 의기양양 아이는 세상을 가졌다 아직 개고기를 먹어보지 못했다

* 나는 고려인(한국인)이다.

** 우즈베키스탄 주사위 놀이로서 화투만큼 대중적인 놀이다.

*** 중앙아시아 양몰이 개로 거대한 덩치로 위압감을 준다.

키질쿰과 겨울

키질쿰*에서 겨울을 만나면
원수, 겨울보다 더 어울릴 수 없다
다른 계절보다 겨울은 인내를 요구하는
쓸쓸하고 외롭고 뼛속까지 한기로 고문힐 때
내가 죽어서 모래가 된다는 쓸슬함으로
낮에도 돌아갈 곳이 없다.

밥을 먹다가 원수놈의 겨울 앞에서 밥을 먹다가
적개심을 갖고 일제 앞잡이를 본 듯,
살의를 품는다
매국노 이거나 혈육에 해를 입힌 놈처럼 살의를 갖는다.

밤은 길어지고 밤바닥으로부터 흰 뼈를 타고 내장과 등짝까지
전신에 치를 떨게 하는 한기,
돌아갈 길 밝혀줄 가로등도 없고 기도할 촛불도 없는
내 생은 겨울 앞에서 떨고

겨울, 너의 잔인함은 나를 쓸슬하게 하는 힘
오늘은 너에게 대항할 힘을 찾아야겠다

≫

새벽 3시, 느닷없이 병원영안실 근무자의 호통 소리에 놀라 달려갔던 오래된 기억은 널 닮았다. 두어 시간, 딱 두어 시간 전에 전주풍남제전 잔치에서 ㅂㅅ자루를 들고 마무리 봉사한다며 눈인사를 나누었던 아버지는 택시기사의 과속에 칠십생애를 잃었고, 나는 이해되지 않아서 다시 물었다가 "병원이라면 재까닭 달려와야지 묻긴 뭘 물어?" 영안실 근무자의 호통에 허둥댔던 나의 기억이 널 닮았고, 너는 스며드는 스파이의 간사함처럼 여전히 겨울, 내부자의 눈을 갖지 못한 나의 우둔함으로도 어찌 너에게 살의를 느끼지 않겠느냐

불 밝혀도 식은 밥이다
원수 앞에서 어찌 밥이 쉬이 먹히리
나는 식은 밥을 두고 맹세도 기도도 하지 않을란다.

* 중앙아시아에 있는 사막 이름. '붉은 사막' 혹은 '자갈 사막'이라고 불리는데, 우즈베키스탄과 카자흐스탄에 걸쳐 있다.

아랄해

한때 바다였던 아랄해가 비어가고 있다
양떼들 눈 속에 까마득한 수평선이 있었다
목화밭으로 물고랑이 나고부터
물길은 강으로 향하지 않았고
강은 바다로 흐르지 않았다
바다로 가는 길을 잊은 물은
담배꽁초와 담뱃갑과 콜라병을 태우고
검은 비닐봉투도 데리고
이리저리 사막을 돌아다니다가
어느 낯선 목화밭에서 증발하고 만다
그 사이 내 안에서 뛰었던 물고기가 사라졌다
어선들은 폐선이 되어갔고
어부들은 도시로 사라져 갔다

푸른 물로 찰랑대던 곳에서 먼지가 날리고 있었다
한때 파랗게 빛나는 피도를 일으킨 적이 있었다
기억조차 사라진 늘씬한 수초들
수초를 누비고 다녔던 물짐승들
물가에서 목을 축이던 짐승들
그리움이란 단어에는 사라진 것들을 추모하는
제사의식만 남아있었다

목화밭은 화사하다
아이들은 목화를 따며 푼돈을 번다
푼돈을 지급한 권력은 솜을 수출하여
큰돈을 벌지만
그 돈으로 바다로 향한 길을 막아놓고
백금을 채취하고 있다
목화를 백금이라고 부르는 이유다
고급 메리야스와 팬티는 자본주의 깃발이 되어
몸을 칭칭 감고 도시에서 펄럭이고 있다
아랄해는 날마다 사라져가고 있었다

누쿠스 사막

지나간 길은 기억하지 않는다
지워버린 그 길을 가지도 않는다
날마다 새롭게 길은 생겨나고
새로운 길을 가야 한다
금방 떠나온 발자국이 사라졌다

몸에 뼈가 있다고 기억하지 말아야 한다
나무조차 뼈를 남기지 않는 사막에서
막막할 땐 집으로 돌아가듯 뒷걸음질 치면
제 발자국이 보이고
자신을 인식하기도 한다

누군가를 기억하고
누구를 사랑하는 일은
모래와 모래 사이 같다
만져지지 않는다고 사랑이 아니듯
기억과 잊혀짐에는 틈새가 있다

태양을 비껴가기 위해 애쓰지 말아야 한다
별들로부터 숨으려 애쓰지 않아야 한다
날마다 날마다 날마다 밝아서
껍데기 벗겨진 사막이 되었으니
낙타처럼 모래를 견고하게 딛고 건너야 한다

키질쿰에는 뼈들이 산다

키질쿰에 사는 뼈들은 부지런하지 않다
누군가 아랫녘 뼈를 신고 코카서스로 가고 나면
흰 뼈들이 눈을 뜨고 하늘을 본다
늑골은 아직 잠이 덜 깼다
턱뼈가 해시계를 바라본다
시간 속으로 새 한 마리 날아갔다
침낭 속에서 속눈썹을 껌벅거리는 낙타
은신처를 찾지 못해 불면했다

사막에서도 잘 자라는 것은 턱수염
양 떼는 만날 때마다 반갑지만
무심한 그들의 눈동자에 비친
옥수수수수염 같은 내 턱을 감춘다
감정조차 먹어치우는 양 떼를 조심해야 한다
흰 뼈에 수염이 남아있지 않는 까닭이다
모래에 있는 뼈들은 모두 하얗다
무의식과 의식을 며어치운 바람 때문이 아니다
흰 뼈에 붙어 검은 뼈가 노래하는 까닭도 아니다
흔하디 흔한 구멍에 이끼가 없고 비석도 없다
부활이란 문자도 없다

≫

뼈들은 저마다 혼자 노래를 한다
아무도 기억하지 않을 때
사막에 숨겨둔 혀가 돌아와 노래를 부른다
안테나가 끊기면 목동이 나타난다
목동은 뼈를 감추었다
낙타가 뼈를 찾아 뼈의 바깥을 핥았다
낙타 혀에서 까칠한 바람이 일었다
한 뼈가 하얗게 살아났다

있고 없고

부재인 줄 알면서
빚진 도깨비 평생 동안 빚을 갚듯
너에게로 향한 마음은
밀어내도 밀어 내도 품에 드는데
침간산*에 눈 쌓이고
마당에도 차곡차곡 눈은 쌓이고
그림자 우두커니 서서
외로움을 재고 있는
오늘 밤엔 지치지 않을 자신이 없다

봄부터 겨울 지나 다시 봄
기다림에서 기다림으로 이어지는
그 결말은 늘 종결어미가 희미해지고
참을 인자 세 번에 세 번을 곱하여
다시 기다림으로 이어지는 끄트머리를
알면서도 기다리는 것이다

기다림은 내 생의 전주였다
쉬이 오지 않을, 절대로 다시 오리 않을 젊은날
오지 않는다는 사실을 알면서도
깨고 싶지 않은 꿈이었다

≫

희부연 달빛에 춤추듯 눈을 내리고
눈은 지금도 쌓이고
지치지 않는 서 사람
기적이란 그림자를 간직한

서울로 올라가야지

한라산에서 출발하여 지리산을 지나서 단박에
백두산 천지까지 올라가고 싶다
백두산 가는 길이 자유롭지 못하니
백두산 보다 높은 서울에 올라가야겠다

제주도에서도 전라도에서도
경상도와 충청도에서 강원도에서도
서울로 올라간다
한때는 삼팔선 너머에 사는 사람들도
경성에 올라간다고 했다니
서울은 산보다 높다

월세살이 전세살이로 한숨이 나와도
은행에 매월 이자를 내고
건물주에게 꼬박꼬박 월세를 받치면서도
높은데 살려면 대가를 치러야 하므로
그까짓 세금에 세금을 낸다고 대수인가
서울에서 살아야 한다
부대끼는 것은 행복
경쟁하는 것은 숙명
타인과 타인끼리 따로 따로 몰려들어

돈 벌어야 하고 권력을 잡아야 성공한다
일자리와 놀거리가 많은 서울에 살아야 한다

자식 만나고 고향으로 돌아가면서
"나 내려 갈란다" 하고
고향으로 돌아가는 사람은 낙향한다 하고
지역은 내려가야 하므로 서울을 떠날 수 없다고 하고

슬픈 사회를 추모한다

아름다운 세상이라고 하지만
태어나자 마자 울음부터 터트린 것을 기억하는가
천상병 시인은 한세상
소풍이었다며 승천하였고
지상에 남은 사람들은
힘들다고 아우성이다
꽃잎으로도 때리지 말라는데
어느 집에서 아동 학대가 끊이지 않고
심지어 계부모에게 죽임을 당하였다
(젊은 친부모에게 살해당한 아이도 있다)
국화꽃잎에 서리로 맺혔다가 간 것인지
봄날 꽃그늘에 이슬로 맺혔다가
소리 없이 떠나버린 아이들아
너희 세상에 시인을 만나거든
아름답지 않았노라고
사람이 사람을 죽이는 세상은
절대 아름답지 않았노라고 말하라
골목마다 살의가 번뜩이고
바다에서 단체 희생자가 발생하고
이태원 골목에서 집단 주검이 생겨나는
지금도 지구 어디에서는 서로에게

살인면허를 남발하며
총을 쏘고 대포를 쏘고
미사일을 날린다고 전하라
아식은 소풍 다닐 만큼 아름답시 않나고

■ 작품 해설

회감의 서정과 역사적 상상력

고 명 수(시인 · 전 동원대 교수)

1. '이야기의 덩어리'로서의 자아

인간은 서사의 동물이다. 서사의 능력은 인간의 본능적인 것으로 이야기를 만들어내는 능력이다. 이야기를 통해서 인간들은 자연과 우주의 신비로운 변화와 운동을 노래하고 그 시간적 변이를 기술한다. 그러므로 이야기 속에는 인간의 삶이 고스란히 녹아 있다. 자아는 '이야기의 덩어리'이자 일회 기억의 집적물이다. 그것은 내가 나에게 한 이야기의 집적물이기도 하다. 삶의 매순간마다 우리의 의식은 경험을 편집하고 재구성해서 하나의 이야기를 만든다. 우리의 기억은 이러한 이야기로 이루어져 있다. 자아는 결국 기억된 이야기의 덩어리라고 할 수 있다.

김현조 시인은 머리말에서 "내가 지은 시를 이야기 詩라고 이름 지었다"고 말한다. "이야기가 없는 길은 쓸쓸하다(「비사벌초사에는 달 냄새가 난다」)"라는 그의 말처럼 삶은 우리에게 이야기를 남긴다. 시인이 독자에게 하고 싶은 이야기는 삶의 고통과 환희와 성찰에 관한 이야기이다. 거기에는 삶의 숙명적 본질을 긍정하며 생명을 연민하고 자본주의에 침윤된 현대적 삶의 실상과 세상의 부조리와 비리를 고발하고 생태주의와 공동의 선善을 지향하고자 하는 의지가 있다. 이러한 시적 전통은 멀리 고대의 『시경』으로부터 조선 후기 정약용의 시를 거쳐 현대의 리얼리즘 시로 면면히 이어져오고 있는 흐름이다.

시의 정서는 기억으로부터 파생된다. 개인의 기억이란 사적으로 소유되고 개인의식의 용량 안에서 저장된 것이다. 구성주의적인 관점에서 보면 기억은 사회적으로 할당된 하나의 현상이다. 우리는 특별한 기억을 불러일으키는 다른 사람들의 말이나 표현에 대하여 대화적인 반응들을 기억한다. 그런 점에서 언어란 비트겐슈타인(Ludwig Wittgenstein)이 말한 것처럼 "어느 특정한 개인이 소유한 자신만의 인지 과정이 아닌 다른 사람들과 함께 실행하는 게임"이다. 결국 시란 하나의 게임이다. 나만의 암호체계로 나의 사상과 감정을 표출하는 장르이다. 여기서 문제가 되는 것은 시는 '일점집중一點集中의 미학을 추구하는 데 비해 이야기 즉 서사는 시간의 흐름이 개입되기 때문에 장르 선택의 문제를 깊이 고려해 보아야 한다는 점이다.

2. 회감의 서정과 역사적 상상력

모든 존재는 태어나고 자라고 시들어 죽는다. 제행무상, 생주이멸의 운명을 피하지 못한다. 이러한 존재의 숙명에 대해 인간이 느끼는 정서는 부조리의 정서와 '회감回感'의 정서이다. 그것은 개인적 차원에서도 역사적 차원에서도 발생한다. 필멸必滅의 존재로서 인간은 매순간 상실을 경험하면서 살아간다. 프리드리히 니체가 천명했듯이, 인간이란 '극복되어야 할 그 무엇'이다. 그러므로 애착하고 사랑하는 대상을 상실했을 때 인간은 그것을 극복하기 위해 애도의 과정을 거치게 된다. 이러한 애도행위의 하나로 글쓰기 또는 시쓰기가 활용되기도 한다. 상실이란 자신과 연결되어 있는, 즉 사랑하는 관계에 있는 사람이나 동물, 상황, 그리고 물건 등을 잃어버렸을 때에 우리 내면에 느끼는 감정의 파편이며 비애의 고통을 동반한다. 사랑하는 대상의 상실은 매우 가까운 관계의 단절로 인해서 발생하는 반응이며 이러한 감정 상태 속에는 슬픔, 분노, 무기력함, 죄의식, 절망 등 복합적인 감정이 작용한다. 프로이드에 의하면 상실되어진 객체에 의하여 더 이상 영향을 미치지 않게 되면서 자아가 자유롭게 되고 거기서 애도가 완성되는 상태로 본다. 정신분석 이론은 상실이나 비애를 무엇인가를 극복하고 무엇인가에서 벗어나는 상태로 설명한다. 시인들은 시를 씀으로써 자신의 인생에 의미 있는 기여를 했던 사람이나 사물, 상황을 적극적으로 회상하는 적극적인 과정을 거친다. 그것은 창조적인 과정으로 관조를 통해 인생 이야기를 발전시키는 과정이다. 그러므로 시를 쓰는 행위는 추억이라는 이미지에 수동적으로 종속되어 있는 것이 아니라 적극적인 기억의 과정으로 볼 수 있다.

흔하디 흔한 들판에
이리저리 뒤채이던
민들레 한 무더기를 어디서
캐 오셨는지
뒤란 금 간 장독 뚜껑에
옮겨심어 놓고
간장 된장 고추장 묵은
장을 끼니마다 퍼 나르며
어르고 가꾸었다
어머니는 소담한 봄을
뒤란에 모셔놓고
등불처럼 꽃을 피우셨다
급기야 뒤란이 환해졌다

—「어머니의 봄」 전문

위의 시에서 화자는 기억 속의 어머니를 적극적으로 소환함으로써 그 기억을 풍요롭게 재창조하고 있다. 어머니의 삶과 사랑이 아름답게 재창조되고 있다. 기억 속의 어머니는 소녀적인 감성과 헌신적인 모성애를 지닌 존재로 화자의 기억 속에 재탄생되면서 자식인 화자의 마음속에 "등불"처럼 꽃을 피우고 "뒤란"으로 기억되는 화자의 내면공간을 환하게 밝혀주고 있다.

유월이 아득히 멀어져갈 줄
그렇게 쉽게 떠나갈 줄 몰랐다
청포도가 퍼렇게 익어가고
논에서는 벼들이 푸른 바람을 일으킬 때
논개구리는 밤낮을 나누어 합창하였다
소나기는 무지개를 산과 들에 걸쳐놓고
밤하늘엔 낮의 소란함이 무리지어 반짝였다
타령조로 장단 맞추면서 시간도 흘러갔다
아무도 그립지 않은 날에는
몸 안에 통증이 찾아왔다
관절통이기도 하고 가슴통이기도 했다
문득 떨어지는 동백꽃처럼
오랫동안 참았던 눈물이 쏟아질 기미가 보였다
통증이 나를 설레게 할 수 있다는 것을 일았다
네가 지나간 자리에 흔적이 완벽하게 지워질 수 없다
그 흔적을 완벽하게 지우는 것은 다시 시작하는 것이다
붉은색이 어울리는 칠월이 온통 푸른색이다.
힘줄도 푸르고 향기도 푸르다
가장 더운 한 달이 가장 짙게 푸르렀다
과수원을 지나온 바람이 도시를 만나서 더워졌다
푸른 날을 펴나르던 바람이 무거워졌다

일 년을 기다린 견우와 직녀는 하룻밤과
사랑, 결코 포기할 수 없었다

칠월은 파랗게 흔들리며 익어가고 있었다

— 「칠월」 전문

위의 시는 제행무상의 섭리 속에서 필멸의 존재로서 인간이 느끼는 정서를 잘 보여주고 있다. "네가 지나간 자리"로 표현되는 상실의 흔적을 지우고 극복함으로써 "힘줄도 푸르고 향기도 푸"른 새로운 생명으로 재탄생하는 건강한 정서를 보여주고 있다. 개인적 차원에서 발현되는 이러한 회감의 정서는 역사적 상상을 통해 확장되기도 한다.

햇살 좋은 날
서동왕자님과 선화공주님이 따로 묻힌
익산 쌍릉에 참배하고 주변을 걸었다

갈대는 개울에서
억새는 언덕에서 흔들리고 있었다
황금 두루마기를 입은 채

물길을 사이에 두고 서로에게 평생 흔들리던
아버지와 어머니가 보고 싶었다
기억만으로 따뜻한 이월이었다

— 「손수건 같은 쌍릉」 전문

위의 시는 우리가 고전문학 시간을 통해 두루 알고 있는 서동과 선화공주의 사랑을 노래한 향가를 소재로 하여 역사적 상상을 전개한 다음, 이를 현대의 상황에 연결시켜 부모에 대한 추억을 떠올리고 있다. 이 시에서 화자는 "익산 쌍릉"을 산책하면서 주변의 아름다운 자연풍광을 바라보며 부모의 사랑을 떠올리고 따뜻한 기억을 재창조하고 있다.

소나기를 맞고 아파본 적 있는가 나는 먹장구름처럼 몰려온 화살 소나기를 맞았다 말들이 달리기를 멈추었고 칼은 허공에서 정지되었다 죽음이 난무하였던 황산벌에 오천 용사는 장렬하였다

사랑하는 아내여 아이들아, 두 마음을 품지 못하는 나는 백제의 성이었고 너희는 나의 별이었다 성이 무너지는 날 백제 하늘도 사라졌다 벌판을 적의 말이 달려가는 것은 내가 쓰러졌다는 것, 너희 하늘도 나의 하늘도 무너졌다 내 목숨과 오천 용사의 목숨이 별이 되었으나 우리는 목숨 따위 구걸하지 않았다 우리가 지키고자 한 것은 진정 너희의 하늘이었다

내 이름을 함부로 부르지 마라 목놓아 울지도 마라 나는 죽어서도 굴복하지 않았다 막장에서, 캄캄한 어둠에 파묻힌 채 살고 있는 비목조차 남기지 않았던 용사의 죽음을 기억하라 나라도 성城도 기억까지도 흔적뿐인 곳에서 사라진 백제를 안고 모질게 살고 있다

죽어서도 다시 살아야 한다 천년 또 천년을 땅 아래 살고 있다 꼭 필요한 계절이지만 공존이 되지 않듯 우리끼리 공존하지 못하고 공간과 시간을 달리하며 살고 있다 내 목숨이 다 건너지 못한 저 무량한 꿈을 키우며 가족과 용사의 이름으로 살아간다 사멸한 고요가 숨 막히게 몰아쳐 오는 어둠이 걷힐 때까지 나는 계백이었다

시간에 파묻힌 채 캄캄한 흙벽 깊은 곳에서 천삼백 년 전 사라진 나라로 살아온 나는 새로운 나라로 다시 살고자 한다 더 이상 죽은 자의 이름이 아닌 산

자의 이름을 새기노라, 나를 기억하는 자 새로운 계백으로 불러다오! 왕의 옆 사람을 경계하라

— 「황산벌을 달리는 계백」 전문

위의 시는 백제의 명장 "계백"의 비장한 어조를 빌어 절망 속에서도 굴하지 않았던 장군으로서, 가장으로서의 확고한 역사의식을 피력하고 있다. 이 시에는 "사랑하는 아내"와 "아이들"을 사랑했으며, 끝까지 굴복하지 않았던 "백제의 성"이었던 계백의 일편단심 나라 사랑과 새로운 시대, 새로운 나라에 "죽은 자의 이름이 아닌" 존재로 부활하고픈 "새로운 계백"으로서의 꿈과 소망이 잘 나타나 있다. 다음의 시에는 역사에 대한 준엄한 비판이 나타난다.

고부에 가거든 군자정을 보아라
암행어사, 관찰사, 군수들의
송덕비와 영세불망비들이 나란히 서있지만
두 동강 나서 절반씩만 서있다
동학혁명군이 아니다
일제강점기 왜놈의 짓이 아니다
학정을 일삼고 돌에 새겨 넣은 이름을
이제야 단죄한다고
큰 망치로 두 동강 낸 것이다
민심이었다

내 밑둥을 일백년쯤 파 보아라
근간根間마다 비겁하게 숨은 자들이
시간의 그늘에 숨어 살고 있다
그림자로 살고 있다

우리가 살아야 하는 이유가 너의 목줄을
지상으로 끌어 올리는 일이다
그리하여 시간마다 그늘을 제거하고
그림자를 색출해 내는 일이다
뿌리가 환해지게 하는 것이다
아이들도 찾지 않는 한적한 날에는
밑둥이 간지러워 못 견디겠다
이놈들아 장난을 그만두어라
내 뿌리는 너의 심장까지 뻗을 것이다

— 「단비斷碑 - 고부 군자정」 전문

위의 시에서 화자는 고부의 "군자정"에 두 동강이 나 있는 "단비斷碑"를 소재로 하여 시간의 그늘에 비겁하게 숨은 자들을 질책하고 있다. 화자는 민족사의 반역자들을 "그림자"로 가정하고 그것들을 색출해내야 비로소 "뿌리가 환해"질 수 있음을, 역사가 바로설 수 있음을 강조한 다음, 오늘날의 비뚤어진 역사관을 지닌 위정자들에게 "이놈들아 장난을 그만 두어라"라고 준엄하게 꾸짖고 있다. 이러한 역사의식을 바탕으로 화자는 역사유물인 "직지"에게 말을 걸기도 하고(직지에게 말하다), 삼일운동의 희생을 기리기도 하고(삼일절), 백제의 가요로 알려져 있는 '정읍사'를 현대적으로 변용해보기도 한다(신정읍사). 이처럼 회감의 정서를 바탕으로 개인적인 과거의 기억을 재창조하기도 하고 그것을 확장하여 역사적 기억을 환기시켜 보기도 하던 화자는 이제 발붙이고 사는 현 시대를 어떻게 보고 있는지 살펴보기로 한다.

3. 문명의 비판과 "슬픈 사회"에 대한 애도

문명이 발전하면서 도시가 건설되자 자연은 본래의 모습을 잃고 훼손되어

왔다. 생활의 편의를 위해 발명된 문명의 이기들은 대기오염과 지구온난화를 초래하고 그 결과 기후 이변과 화재 등 후유증을 초래하여 인류의 미래를 불안하게 만들고 있다. 특히 자본주의가 발달하면서 권력과 자본이 결탁하고 인간은 자본이 노예가 되어 물신주의 풍조가 만연하게 하였다. 그 결과 인간의 존엄과 생명마저 위협하는 생명 경시 풍조와 함께 많은 사회문제를 야기하게 되었다. 이번 시집에서 시인은 상당수의 시편들이 이러한 인류 문명의 비판에 할애하고 있다.

한때 바다였던 아랄해가 비어가고 있다
양떼들 눈 속엔 까마득한 수평선이 있었다
목화밭으로 물고랑이 나고부터
물길은 강으로 향하지 않았고
강은 바다로 흐르지 않았다
바다로 가는 길을 잊은 물은
담배꽁초와 담뱃갑과 콜라병을 태우고
검은 비닐봉투도 데리고
이리저리 사막을 돌아다니다가
어느 낯선 목화밭에서 증발하고 만다
그 사이 내 안에서 뛰었던 물고기가 사라졌다
어선들은 폐선이 되어갔고
어부들은 도시로 사라져 갔다

푸른 물로 찰랑대던 곳에서 먼지가 날리고 있었다
한때 파랗게 빛나는 파도를 일으킨 적이 있었다
기억조차 사라진 늘씬한 수초들
수초를 누비고 다녔던 물짐승들
물가에서 목을 축이던 짐승들

그리움이란 단어에는 사라진 것들을 추모하는
제사의식만 남아있었다
목화밭은 화사하다
아이들은 목화를 따며 푼돈을 번다
푼돈을 지급한 권력은 솜을 수출하여
큰돈을 벌지만
그 돈으로 바다로 향한 길을 막아놓고
백금을 채취하고 있다
목화를 백금이라고 부르는 이유다
고급 메리야스와 팬티는 자본주의 깃발이 되어
몸을 칭칭 감고 도시에서 펄럭이고 있다
아랄해는 날마다 사라져가고 있었다

—「아랄해」 부분

위의 시에서 화자는 “아랄해”로 상징되는 자연이 파괴되어 자본의 힘이 자연의 순환을 방해하고 있는 것이다. “한때 바다였으며 양떼들 눈 속엔 까마득한 수평선이 있었”던 아랄해가 이제는 물고기와 어선이 사라지고 어부들은 도시로 떠나버렸다. 목화밭이 생기면서 본래의 자연의 질서가 변질되었음을 아쉬워한다. 이제 아랄해는 “바다로 가는 길을 잊”은 채 물에는 “담배꽁초와 담뱃갑과 콜라병”과 “검은 비닐봉투”와 같은 문명의 부산물이며 쓰레기들과 함께 사막을 돌아다닌다. 문제는 “목화밭”이다. 목화밭은 화사하고 아이들은 목화를 따며 푼돈을 번다. 이러한 현상의 배후에 자본이라는 권력이 이윤을 취하며 지배하고 있다. 그래서 이들에게 “목화”는 곧 “백금”이 되는 것이다. 따라서 권력과 자본이 모이는 대도시로 사람들은 몰려든다.

한라산에서 출발하여 지리산을 지나서 단박에

백두산 천지까지 올라가고 싶다
백두산 가는 길이 자유롭지 못하니
백두산 보다 높은 서울에 올라가야겠다

제주도에서도 전라도에서도
경상도와 충청도에서 강원도에서도
서울로 올라간다
한때는 삼팔선 너머에 사는 사람들도
경성에 올라간다고 했다니
서울은 산보다 높다

월세살이 전세살이로 한숨이 나와도
은행에 매월 이자를 내고
건물주에게 꼬박꼬박 월세를 받치면서도
높은데 살려면 대가를 치러야 하므로
그까짓 세금에 세금을 낸다고 대수인가
서울에서 살아야 한다
부대끼는 것은 행복
경쟁하는 것은 숙명
타인과 타인끼리 따로 따로 몰려들어
돈 벌어야 하고 권력을 잡아야 성공한다
일자리와 놀거리가 많은 서울에 살아야 한다

자식 만나고 고향으로 돌아가면서
"나 내려 갈란다" 하고
고향으로 돌아가는 사람은 낙향한다고 하고
지역은 내려가야 하므로 서울을 떠날 수 없다고 하고

— 「서울로 올라가야지」 부분

사람들은 왜 대도시로 몰려드는가? 그곳에는 돈과 권력이 모여 있고 그것들을 잡아야 성공을 하고 욕망을 실현할 수 있기 때문이다. 그러므로 서울은 "백두산 보다 높"다. 고달픈 "월세살이 전세살이로 한숨이 나와도" 높은데 살려면 대가를 치러야 한다. 그럼에도 불구하고 서울에서 살아야 한다. 그러니 이러한 대도시 집중현상은 막을 길이 없는 것이 아닐까?

서울에서 부산까지 자동차로 쉬엄쉬엄 가면 6시간
비행기 타고 미얀마로 가는 시간도 비슷한 6시간
군부독재자들이 만행을 저지른 곳
사람들이 슬프게 살고 있는 곳
……(중략)……
수많은 나라들이 전쟁 중인 나라를 염려한다
속으론 그들로부터 전달되어질 물가를 염려한다
주식이 떨어지는 것을 염려하고
기름값이 올라가는 것을 염려하고
가진 돈의 가치가 변할까봐 염려한다
이것도 그저그런 생활을 하는 가진 것 없는 사람들의 걱정
돈이 있고 권력이 있고 정보가 있는 사람들은
어느 시점에서 돈을 세고 미소 지을까를 생각한다
머나먼 길을 걸어서 가야 한다
가면 돌아오지 못할 길을 탱크 타고 가야 한다
자동차를 운전하고 컴퓨터 자판 두드리거나
스마트전화기로 게임 하는 게 일이었는데
어느새 탱크 타고, 총을 들고 가고 있다
사람을 만나면 적개심으로 총을 쏘며
누구로부터 살인면허를 받고
어떤 권리로 사람을 죽이러 가는가

— 「머나먼 길」 부분

무분별한 인간의 탐욕 때문에 독재자들은 모든 사람들의 욕망을 지배할 수 있는 "만행"을 서슴지 않는다. 심지어 부조리와 모순의 극단적 형태인 전쟁까지도 불사하는 것이 오늘의 현실이다. 러시아의 푸틴이 그렇고 하마스와 이스라엘의 전쟁이 그러하다. 그래서 사람들은 "슬프게" 살고 있다. 전쟁의 여파는 전 지구가 촘촘히 연결되어 있는 지구촌 시대에는 전쟁 당사국뿐 아니라 전체 세계에 영향을 준다. 유가의 상승과 주식의 하락, 물가의 상승과 소비의 위축 등 삶의 기반 자체에 영향을 주게 되는 것이다. 빈부의 불균형을 야기시키는 것이다. 그러므로 시인 김현조가 바라본 세상은 "슬픈 사회"이다.

국화꽃잎에 서리로 맺혔다가 간 것인지
봄날 꽃그늘에 이슬로 맺혔다가
소리 없이 떠나버린 아이들아
너희 세상에 시인을 만나거든
아름답지 않았노라고
사람이 사람을 죽이는 세상은
절대 아름답지 않았노라고 말하라
골목마다 살의가 번뜩이고
바다에서 단체 희생자가 발생하고
이태원 골목에서 집단 주검이 생겨나는
지금도 지구 어디에서는 서로에게
살인면허를 남발하며
총을 쏘고 대포를 쏘고
미사일을 날린다고 전하라
아직은 소풍 다닐 만큼 아름답지 않다고

— 「슬픈 사회를 추모한다」 부분

위의 시에서 화자는 이 세상을 "아름다운 소풍"이라고 노래했던 천상병 시인을 비판하면서 "골목마다 살의가 번뜩이"는 세상, "바다에서 단체 희생자가 발생"하고 "이태원 골목에서 집단 주검이 생겨나는" 이 부조리하고 초현실적 세상, 총기사고로 사람을 마구 죽이고 전쟁을 가볍게 여기는 아름답지 못한 세상을 "슬픈 사회"로 규정하고 이를 추모하고 있다.

4. 생명에의 경외와 긍정적 세계관

화자는 기본적으로 낙천성 혹은 낙관성을 지닌 듯하다. 낙관성은 미래에 대한 긍정적 기대와 전망을 인지하는 경향성을 말한다. 낙관성은 타고난 기질에 의하여 결정되기도 하지만 학습되기도 한다. 이러한 낙관성은 긍정적 세계관을 기반으로 한다. 세상을 바라볼 때 어떠한 안경을 끼고 바라보느냐에 따라 세상은 달라 보이기 때문이다.

사람으로 태어나 목숨 다할 때까지
사람으로 살다 가면 얼마나 다행한 일인가
수많은 생명 가운데 사람으로 태어난 것은
얼마나 다행한 일인가
생각할 줄 알고 미래를 염려하기도 하고
죽음에 대해서 두려움을 갖는 것
얼마나 대단한 일인가
가난한 가정에서 태어난 것도
저명인사의 부모가 아닌 것도
대단히 잘나지 않은 것도
사람으로 태어났으니 얼마나 다행한 일인가
부잣집에서 나지 않았어도

영어권 나라에서 나지 않았어도
호걸이나 미녀로 나지 않았어도
사람으로 태어났으니 얼마나 다행한 일인가

— 「사람으로 태어나」 부분

위의 시에서 화자는 세상을 매우 긍정적이고 낙관적인 시선으로 바라보고 있음을 알 수 있다. 인간의 존재 자체와 화자가 처해 있는 현재의 위치를 긍정하는 자세는 "얼마나 다행한 일인가"이라는 구절의 반복에서 알 수 있다.

남천교 청연루에 앉아있으면
세상 소란함이 다 모여
흩날린다

사막에 누워 하늘을 볼 때도
세상 반짝임이 다 모여
빛난다

무수히 많은 별 사이사이에
너도 한자리 차지하고 있다

— 「여름밤」 전문

위의 시에서도 화자는 "세상의 소란함"을 관조하며 비록 "사막에 누워 하늘을 볼" 지라도 "세상 반짝임이 다 모여 빛"남을 본다. 그리고 "무수히 많은 별 사이사이"에 모두 한 자리를 차지하고 있음을 바라보는 화자의 시선은 존재 자체에 대한 긍정으로 읽힌다. 이러한 시선은 시 「계절을 벗어날 때」에서도 "우주는 여전히 건강하고/ 세상은 나아지고 있지 않은가"라고 노래함으로써 미래에 대한 긍정적 비전을 보여주고 있다. 시인의 이러한 긍정적 비전의 근저에는 불교적 세계관이 자리하고 있다. 시 「그리 알아라」에서 "네 삶에 내가 있고 내 삶에 네가 끼워져 있듯"에서 보듯이 화자는 기본적으로 이 세상의 모든 존재가 서로 의지하고 있다는 연기적 세계관에 기초해서 세상을 바라본다. 그리고 시 「백제로 이팝꽃」에서 "배고픈 사람이 없었으면 좋겠다"라는 진술에서 보듯이 자비와 연민의 시선으로 세상을 바라봄을 알 수 있다. 그러므로 다음과 같은 생명사상에 도달할 수가 있는 것이다.

지리산에 사는 스님
절간 구석에
배추농사를 지었습니다
세 고랑은 사람의 것이고
한걸음 떨어진 작은 고랑은
손님의 것이랍니다
아침마다 찾아오는
배추벌레님을 이사시키는 일로
하루를 시작한답니다
속이 채워지기 전부터
김장배추를 같이 먹고 산답니다
고적한 산사에
참 귀한 손님이라고 합니다

— 「손님맞이」 전문

위의 시에서 화자는 "배추벌레"와 함께 공존의 길을 실천하고 있는 지리산에 사는 한 스님의 태도를 통해 생명공동체에 대한 배려와 자비를 보여준다. 모든 생명체가 하나의 고리로 연결되어 있다는 연속적 세계관 혹은 연기적 세계관이 결국은 생태사상과도 연결됨을 알 수 있다. 아울러 "배추벌레"를 "참 귀한 손님"이라고 표현하는 데서 우리는 생명에 대한 경외를 엿볼 수 있다. 이러한 열린 시선은 다음의 시에서 종교 간의 화합마저 가능함을 보여준다.

축! 메리 초파일
아랫녘 교회에서 보내온 양란꽃등燈
연등보다 먼저 공양 올렸습니다
귀신사 도량이 어느 때보다 환해졌습니다

느티나무는 혼자 웃다가 수염이 한치 길어났습니다
천사백 년 걸려 온 달도 조심스레 빛을 공양 올립니다
끄덕끄덕 부처님 미소가 자랐습니다

— 「부처님 미소가 자란 날」 전문

위의 시는 불탄일인 초파일에 "아랫녘 교회에서 보내온 양란꽃등燈"으로 인해 "귀신사 도량이 어느 때보다 환해졌"다는 진술을 통해 불교와 기독교라는 서로 다른 이념과 사상을 지닌 종교 간의 화합이 충분히 가능함을 본다. 이념과 대립으로 조각난 우리 사회가 나아가야 할 바람직한 방향이 이런 것이 아닐까? "느티나무"도 "천사백 년 걸려 온 달"도 흐뭇하게 미소짓는 화합의 순간에 우리 마음속의 부처도 고개를 "끄덕끄덕"하며 미소짓지 않을까? 우리는 위의 시에서 우리는 갈등과 분열로 가득한 이 세상의 지속가능성을 볼 수 있다.

5. 삶을 성찰하는 이미지스트 시인

김현조 시인은 풍부한 감성과 섬세한 감각을 바탕으로 다양한 이미지를 조형해내는 탁월한 이미지스트 시인이다. 특히 김현조 시인은 변화하는 계절의 정서를 그려내는 데 능숙함을 보여준다. 다소 장황한 시편들에 비해 이러한 시들이 보여주는 이미지 조형은 산뜻하면서도 깔끔한 멋이 있다. 이러한 역량은 하루 이틀에 이루어진 것은 아닌 듯하다. 오랜 절차탁마의 시간이 있었으리라 예상이 된다.

말복 날 수박을 반으로 갈라놓고
호두나무 그늘에 앉았다
곁을 지키는 수캐가 하품을 하고
사막개미들도 낮잠 자러 가고
흔한 새 한 마리 보이지 않는다
햇살은 쏟아지는데
빛의 환함이라니
어린 고양이 발자국에
정오가 흔들렸다
파리가 수박 언저리에서 분주하다
가끔, 아주 가끔 나뭇잎이 동요하고
그때마다 미세한 소리가 허공을 흔든다
햇빛과 공기 그늘이 공짜라는 게
믿기지 않을 정도로 한가한 정오

느티나무 그늘이 늘어지게 낮잠을 잔다
나는 숨죽이고
등으로만 시간을 밀어냈다

— 「적막함」 전문

위의 시에서는 한 장의 스냅사진처럼 늦여름의 고요한 풍광을 담담하게 보여주고 있어 시 읽는 재미를 더해 준다. 특히 1연에서 감각적으로 묘사된 한낮의 고요를 깨트리는 "어린 고양이의 발자국에 정오가 흔들린다"는 표현의 역동성과 섬세한 감각적 묘사로 나른한 정오의 모습을 그린 다음, "나는 숨죽이고 등으로만 시간을 밀어낸다"는 마지막 구절의 액센트는 이 시인이 유능한 이미지스트임을 확인케 한다. 이러한 탁월한 이미지 조형능력으로 화자가 그리고자 하는 것은 무엇일까? 그것은 바로 "당신"에 대한 그리움이다.

천지사방으로 귀를 걸었다
세상으로 나간 문
돌아와 세상을 닫을 문
오직 당신에게 향한 귀만 열었다

— 「나팔꽃」 전문

화자는 천지사방으로 귀를 걸고 당신을 향해 귀를 열고 당신의 소리를 듣고자 한다. 여기서 "당신"은 화자에게 결여된 그 무엇일 수도 있고, 존재를 좀 더 충만하게 해주는 대상일 수 있다. 모든 존재는 욕망 충족의 근원적 불가능성을 알면서도 그것의 실현을 위해 문을 열고 세상으로 나가고 돌아와서는 문을 닫는다.

안녕! 짧은 인사로
화급히 그대 떠나고
선운사 상사화 필 때마다
구월 매미처럼 자지러졌다
다음 생에는 불쑥
단박에 나와서 꽃 피우지 말아야지
한마디씩 아홉 번 자라는 구절초처럼
조바심내지 않고 구월을 맞이해야지
마디마디 푸른 여름과

칸칸마다 구월 노을을 앉혀두고
머무는 것이 기적이 되도록
이야기 곳간을 비워두어야지

누굴 막론하고 가야 하는 저 너머로
더디게 아주 더디게 가자고
바위에 붙어서 너끈히 오백 년쯤
살아보지고 맹세해야지

— 「매미처럼 울었다」 전문

위의 시에서 화자는 "조바심내지 않고 구월을 맞이해야지"라고 스스로를 추스르며 "머무는 것이 기적이 되"는 존재의 충만한 순간을 위해 "이야기 곳간을 비워두어야지"라고 다짐을 한다. 그 순간을 위해 서두르지 말고 "더디게 아주 더디게 가자"고 다짐한다. 아무튼 시 「우스운 일」에서 보여주듯 겸허한 삶의 자세로 서사에 대한 과욕을 내려놓고 담백하게 묘사할 때 김현조의 시의 장점은 드러난다. 이시심수以詩心修의 낮은 자세로 시의 길을 향해 전진한다면 분명 좋은 결실을 이룰 것이라 확신한다.

3부

당나귀를 만난 목화밭

그대에게

누군가에게 기대 목 놓아 울고 싶은 날입니다. 훌쩍 커버린 탓인지 꿈속조차도 나타나지 않네요. 별을 따러 동산에 오르니 주먹보다 더 큰 별들이 어지럽게 흩날리고 있어요. 그 별보다 아래를 보았을 뿐인데, 나는 벌써 어른이 되어 있습니다. 큰 별 대신 속울음을 울어 나를 씻어내고 있습니다. 당신을 부르는 건 내 꿈을 부르는 것입니다. 홀로 자란 꿈만큼 그대는 멀어져 있고 나는 지금도 당신을 기다리고 있습니다. 나를 더듬어 그대 곁에 가고 싶습니다.

낙숫물 소리

비가 온다. 고려인 협동농장에 살고 있는 김 노인은 비를 보고 있다. 낙숫물이 눈물 같다. 이웃나라 알마티로 나가 있는 자식들은 걱정 말라지만 아무래도 거짓말 같다. 나라가 왜 이 모양인지 자꾸 내 잘못인 것 같다 자식들 얼굴 보기는 더욱 어려워졌다.

사막에서 부는 바람은 먼지가 많다 먼지는 눈에 들어가 눈병을 일으킨다. 그래서 자꾸 눈물이 난다. 오늘도 눈물이 나는 건 먼지 때문이다. 도시에서 들려오는 소리는 꼭 먼지를 동반한 사막의 바람소리 같다. 지금 내리는 빗물은 김 노인의 걱정을 더 키운다. 만리타국에 나와 있는 나를 걱정하고 있을 어머니가 보고 싶다.

장대비로 씻어내라

다시 굵어지는 빗방울, 김 노인의 시름은 빗방울에도 씻어지지 않는다. 러시아로 돈 벌러 간 큰아들, 알마티에서 일하고 있는 둘째 아들, 딸은 손자와 살고, 사위는 돈 벌러 우수리스크* 갔다. 악을 쓸수록 메아리는 요란하게 되돌아온다. 예전에는 그래도 살 만한 세상이었나. 여름에는 이수쿨**로 가족과 한 달씩 휴가를 갔고, 겨울에는 침간산***에서 눈썰매를 탔다. 많이 자유로워졌다는데 가끔 소련시절이 생각난다. 산천이 변하였고 자식들 이마에 주름이 잡히고 시절도 늙어간다. 마당 귀퉁이 빗속에 웃고 있는 들꽃을 본다. 그도 마른 가슴을 가지고 살고 있을까.

* 우스리스크 : 블라디보스톡에 가까우며 중국과 접경하고 있는 작은 도시다. 1937년 스탈린에 의해 강제 이주되었던 고려인 촌의 하나로 고려인들의 본적과 같은 곳이며, 그들이 다시 돌아와 많이 살고 있다.

** 이수쿨 : 키르기스스탄에 있는 내륙호수, 국경이 없었던 구소련시대부터 매우 유명한 호수로 겨울에도 따뜻한 물이 솟아난다는 대표적인 휴양지.

*** 침간산 : 우즈베키스탄에 있는 유명한 휴양지, 스키장이 설치되어 있다.

페르가나 분지

천산, 산맥으로 숨은 페르가나 분지에는 과일나무가 많다 그래서 단내가 난다. 오래된 이야기가 쌓여 있고 이야기들이 그늘마다 웅성거리는 곳, 장난질 좋아하는 아이들은 종일토록 달음박질한다. 수많은 꽃이 만발하고 갖가지 과일이 세계로 수출되며 우즈벡 사람들 삼분지 일이 살고 있다 아이와 동산에 올라 구름 속에 숨은 별을 따는 곳이다.

들판에 몸 기대고 설핏 든 조각 잠결에 천리마를 찾아 당나라 군사가 쳐들어왔다 돌아가고, 성난 몽골병사들이 화살을 잔뜩 채운 채 지나갔다. 여기 살던 바부르는 싸움에 지고 도망하여, 말을 타고 도망하여 인도 무굴제국을 세우러 떠났다. 별안간 장총을 앞세우고 나타난 러시아인들의 탱크 소리에 잠에서 깼다.

기르던 강아지도 납작 엎드려 꼬리만 살랑이면 배부른 이곳에 얼마 전부터 당나귀 근육이 풀렸다. 호수의 물이 빠져나가듯 정치인 농간에 힘줄이 빠져나간다. 단 냄새가 풋과일에 녹아들기도 전에 풋과일이 떨어져 내렸다. 그런 날엔 바람이 헤살을 놓은 거다 그늘에 주저앉는 개미들도 큰 소리로 곡을 시작했다. 산문에 굴이 뚫리고 세상으로 향한 대문이 열렸다.

그 후로 사람들이 병명도 모른 채 앓기 시작했다. 열이 나고 기침을 해댔다. 오장이 성한 데 없이 상했고 뼈들이 회색빛으로 물들기 시작했다. 제멋대로 아무렇게나 가로세로로 누워 자던 때가 그리움으로 남았다.

좌판의 무게

몇 안 되는 물건들을 담은 좌판이 한 골목에 두 서너 개다. 늙은 목숨이라도 두 개는 거뜬하다. 어느 좌판에는 손자가 덤으로 있기도 하고, 어느 좌판에는 다섯 가족이 달라붙어 있기도 하다. 늙은 시어머니와 손자의 웃음, 어느 때는 늙은이만 어느 땐 에 일곱의 손자만 좌판 옆에 붙어있다. 젊은 아가씨, 십대의 소년 모두 골목이 목숨길이다. 갈퀴 같은 웃음을 좌판에 진열해 놓았다. 항상 중국산 물건만 파는 건 아니다. 쓰다 만 소련제 물건도 있고, 간혹 한국제품도 있고, 계절에 따라서 수박도 듸냐*도 있다. 달디 단 듸냐를 닮은 세상 꿈꾸지만 오늘도 소태 같은 하루가 사위어 간다. 별빛이 쏟아지면 흔들리는 어깨에 바람벽을 세울 것이다. 허기가 모래바람처럼 닥쳐온다.

* 듸냐 : 중앙아시아에서 가장 맛있는 메론, 아주 저렴하고 10kg 크기도 있다. 수박보다 듸냐를 더 좋아한다.

건조주의보

목이 마르다. 밤에 키운 생각들이 곪아 몸통을 들쑤신다. 열병이다. 가다가 지쳐 돌아오도록 길 위에 그리움을 뿌리면 앞선 발자국에 새순 같은 피가 돋아난다. 햇살은 막 솟은 새싹같이 맑은데 바람은 껍질이 벗겨져서 야위어만 간다. 고백하건데 산에는 나무가 없다.

경계

선線이 없는 세계를 아시나요? 국경이 없고 정치가 없고 지역이 없고 주의 주장이 없고 개발이 없고 사람과 자연의 경계가 없는 세상을 아시나요? 사람들이 선을 긋지 않고 살 수 있는 사회, 정만으로도 상식이 통하는 사회, 바다와 뭍이 만나는 곳에 생명이 많듯, 초록마다 다른 꽃등을 밝히듯, 계절과 계절이 선을 긋지 않고 조화를 부리듯, 안개 속에서 아침과 햇살이 섞이면서 대낮이 되듯, 허물도 함께 공존하듯, 비극적이라는 단어가 떠오르지 않고 살아있는 생명에 기쁨이 솟는 세상, 사람과 사람 사이에 선을 긋지 않고 사는, 산과 들이 만나는 장소에 풀들이 많듯이.

류다의 일기

우수리스크로 떠난 남편에게서 돌아온다던 약속 날짜가 여러 번 바뀌더니 이제는 오지 않겠다고 합니다. 벽에 걸어 둔 사진이 아직도 제 빛깔로 걸려 있는데, 아이는 오래전부터 아버지를 찾고 있습니다. 나도 당신을 불러보고 싶습니다. 속울음 오래 참으면 생병이 돋아서 더 이상은 버틸 수 없습니다. 지평선을 보며 소리 내어 울고 싶습니다. 그 울음으로 나를 씻고 나를 더듬어 그대 곁으로 가야 합니다. 아이가 나를 부르는 건 당신을 부르는 것일 테지요. 거기는 이제 살 만하다지요. 겨울의 혹독한 추위 때문에 아이의 병치레 때문에 차마 쫓아가지 못했는데 이젠 길 떠나도 되겠지요. 카레이스키이 여권이야 어디를 가도 똑같은 카레이스키인데 무엇이 두려울까요. 내 조상들이 타고 왔던 시베리아 횡단기차를 타고, 지평선을 건너 당신이 계신 원동*으로 되돌아가렵니다. 나는 현대를 사는 까닭에 내 젊음을 걸고, 뜨거운 이 고향 땅을 떠나 운명을 날아보려고 합니다. 여름이 지치기 전에.

* 원동 : 먼 동쪽이라는 말로 고려인들이 중앙아시아로 이주해 오기 전의 고향 땅, 즉 연해주를 말한다.

울지 않는 닭

타슈켄트 한복판에 기상을 알리는 사이렌 같던 닭들의 외침이 사라졌다. 그 새벽의 맑은 기운이 사라졌다. 여전히 아파트 앞 공터마다 닭들이 살고 있다. 주인 없는 닭들이 살고 있다. 그들의 푸덕거림은 낮에만 감지된다. 언제부턴가 개와 고양이와 가까워진 그들이 제 본분을 다하지 못하고 늦잠을 잔다. 세상 어디를 쏘다니다가 늦은 밤에 돌아와 울음조차 잊은 것이냐. 너의 침묵에 담긴 것이 부끄러움이더냐, 괴로움이더냐.

닭이 포기한 새벽은 새벽일 수 없다. 간간이 한낮에 들려오는 당나귀들의 메스꺼운 소리는 더운 낮 기온보다 짜증이다. 새벽을 알리는 전령이 없는 지금 적진 앞으로 더 나아가기는 어렵다. 시위대는 보이지 않고 이미 새벽은 점령당했다. 푸른 햇살이 튀어나와도 흐리게 흐리게만 보인다. 새벽닭이 울지 않아도 아침은 왔다.

겨울 가고

나보다 먼저 취한 세월 뒤돌아보아도 소용없다. 지나간 과거는 박제일 뿐 싹이 돋지 않는다. 나는 살아남은 이웃집 가족들의 이야기를 듣고 있다. 긴 밤 페치카*에 둘러앉아 굶주림 대신 이야기를 구워먹었던 지나온 시절도 삭아 버린 지 오래다 소문도 의심도 모스크**에서 불어오던 바람도 심지에 남아 있던 불꽃마저 잠재우지 못했다. 봄눈은 앞으로 가기 위한 가르침이다. 새아침 맑은 빛으로 꿈 조각을 맞추고 있다.

* 페치카 : 벽난로
** 모스크 : 이슬람 교회

나우르즈*

먼 들녘을 달려오는 봄 놓아주지 않는 겨울의 손목을 뿌리치고 분주하다. 거리마저 분주한 지금 어머니들은 가마솥 걸어놓고 장작불 피워 수말락**을 만들고 있겠지. 마을도 변했을까 낯선 것들에 밀려 하나 둘 사라지는 정겨운 추억들, 씨앗을 뿌리며 다시 시작해야 하는 지금 시샘하는 봄비 너도 두려운가. 그러나 저 들판은 안다. 가족의 품과 고향집에서 지새는 첫 날 밤을, 사람들이 돌아온 고향집은 활기가 넘치고 이곳의 아버지들은 음식을 하고 어머니는 자식 자랑에 시간이 모자란다. 올 땐 빈 손 갈 땐 한 해의 심줄을 가지고 일터로 돌아간다. 봄이 성큼 온 날이다.

* 나우르즈(Nowruz) : 이슬람권에서는 이때를 설날과 같은 개념으로 여긴다. 더 정확하게 말하면 우리의 춘분과 같은 것으로 농사를 시작한다는 것이다. 이전에는 농사일에 꿈쩍을 하지 않다가 이날을 기점으로 농부들이 삽과 괭이를 들고 파종을 시작한다. 대단히 큰 명절중의 하나다. 명칭은 러시아식으로 '나부르즈'라고 부르는데 중앙아시아 대부분이 'o'를 '아' 발음하는 러시아식을 따른다. 이란에서는 '노우루스' 라고 하니 나라마다 발음하는 방식에 따라 이름도 다르지만 의미의 본질은 같다.

** 수말락 : 보리 싹이 돋은 보리로 오랫동안 달여서 만든 조청과 같은 것으로 이때만 맛볼 수 있는 특별한 잔치음식이다.

까치발로 다가오는 봄날

참았던 울음이 도시에 터진 봄비다. 도시와 들판을 쏘다니며 분탕질하던 까마귀도 황급히 몸을 숨긴다. 이 비 그치면 쭉정이들도 새 옷을 입고 계곡에 잠들었던 바람도 깨어날 것이다. 새롭게 일어서는 박동들 저마다 숨은 등불 밝혀 생을 피우고 딴딴하게 뭉친 멍울 풀어놓을 땐 물기가 필요하다

봄에 오는 눈은 언제나 때가 늦다 밤새 내린 봄눈 아침을 빛낸다. 햇살이 닿기만 하면 녹아내리는 눈, 그때 꽃눈이 깨어난다

사랑이라는 단어는 시에서 걸어 나오고 낡은 옛 책 모서리 아름다운 구절에서 사랑 꽃이 핀다. 봄이 눈 속에서 빛나듯 꽃과 꽃 사이, 사람과 사람사이 까치발로 다가오는 봄날

공복

무작정 나선 길 위엔 시린 가슴 데워줄 친구가 없다. 허청한 시간의 낟알들이 흩어져 있다. 찬바람으로 채운 가슴이 얼음장 같다. 저만치서 '말라꼬*오~' 소리에 발걸음이 소란하다.

눈감으면 바람과 이야기하는 나무들이 보인다. 나이테를 돌아 가슴에 솟아나는 물줄기에 놀란 새떼들 날아오른다. 갇혔던 소문들 일제히 흩어지면 대지의 녹슨 심장에 피가 돈다. 일자리를 찾아 새벽부터 서성거리는 남자들의 발걸음이 통통 튄다. 아삭하게 건조한 봄날, 할 수 있다면 탈을 쓰고 인생의 역할을 바꾸고 싶다 말라꼬 한 통 거뜬히 사고 싶다

별들이 아직도 발아래 웅얼거리고 참새도 오늘은 늦잠을 잔다 아침부터 손이 시리다.

* 말라꼬 : 우유, 새벽마다 여자들이 골목을 돌아다니면서 외친다. 새벽에 짠 신선한 우유를 판매한다. 찹쌀떡 하고 외쳤다는 영상을 듣는 것 같다. 다정하고 구성진 소리다.

비둘기의 봄

비둘기도 몸살을 앓는가보다. 한낮이 다 가도록 앓던 비둘기가 창가에 앉아 울고 있다 날개에 숨겨져 있던 슬픔을 부리고 있다 얼마나 기다렸던 봄인가 왈칵 목이 멘다 한겨울 추위보다 때론 꽃샘추위가 더 무서운 것도 안다 세상에 나서면 다리보다 날개부터 강해져야 한다는 것도 안다

어려서부터 배웠던 시기와 질투를 멀리하고 존경심을 키우는 것, 도움 받은 일은 절대로 잊지 않는 일, 새로운 노래를 부르는 일, 마지막이듯 사랑하는 일, 맑은 날에는 몽땅 일터에서 자유로워지는 것, 양떼들이 쉬고 있는 나무 위에서 지평선을 바라보는 일, 봄에는 기억할 것들이 참 많다 비둘기는 오늘도 봄에 대해 학습중이다.

안부

연둣빛 바람이 흙냄새를 몰고 병원 문 앞을 막아선다. 낯선 곳에서의 우환은 어머니의 품이 생각난다. 약도 주사도 없던 시절 어머니 무작정 들쳐 업고 며칠 밤을 지새우셨다 약 될까 밥을 태워 까만 숯검정을 입에 넣어주기도 했다 개들도 잠든 밤에 배앓이 하는 아이를 들쳐 업고 대문을 두드리는 카밀라가 어머니를 닮았다.

정로환과 몇 가지 상비약을 건네주고 올려다 본 동쪽하늘엔 가냘픈 초승달이 떴다 쑤셔대는 몸으로 홀로 긴 밤을 뒤척이실 어머니의 창가에도 비춰주시라 달에게 안부를 전하는 봄날이 아프다.

고려인 한식*

흙 속에서 힘줄을 길어 올리고 그 힘줄로 자식을 키우신 지나 아버지, 조국이 없어 더욱 서러워 흙만 탓하던 그다. 아직도 그가 가꾸었던 대지는 그대로인데 힘줄을 풀어버린 그는 자신의 흙 속에 누워있다. 불경을 외듯 한글을 바람결에 풀어 읽던 그다. 자식은 러시아 글만 가르치며 지고 살지 말라 매맞고 들어오지 말라던 그, 찬밥과 찰떡과 식은 고려식 음식을 진열하고 온 식구들이 모여 절을 하고 음식을 나누어 먹는다. 오늘은 지나 아버지의 날이며 고려인의 날, 아직도 낯설기만 한 이별이다. 그의 힘줄로부터 전해진 힘줄은 누구를 묶고 있나, 이름도 생소한 비명碑銘 앞에 빈자리를 채우는 봄날이 아프다. 먼지 때문이라 애써 딴청을 피우지만 아픔을 씻기에 맑은 햇빛이다. 묘지를 떠나면 또 바람뿐이다.

* 고려 사람들은 한식날과 추석날에만 조상의 묘소를 찾는다. 특히 한식날에는 가장 많은 후손들이 묘소를 찾는다. 이 날은 정부도 비공식으로 인정하는 고려인들의 성묘 날이다.

삼월에 내리는 비

삼월에 내리는 비는 눈물이다 남몰래 훔치는 눈물이다 부지런한 길손은 이월에 나섰지만 게으른 길손은 앵두꽃 벙그는 모습을 본 후에 떠나려 한다 간밤에 내린 빗물이 세상을 바꾸어 놓았다 살구 체리도 깨어나고 며느리가 새벽을 쓸어대는 빗자루도 물을 흠씬 들이마셨다 머지않아 나우르즈다 들숨 날숨에도 권력이 있고 정치가 작동하는 이곳 정부는 씨를 뿌리라 하고 길손의 다리는 묶일 것이다 제국주의자들이 만들어낸 감시체제에 한 발자국 한 단어에도 벼랑길로 가기 쉬운 이곳은 여전히 먼 계절을 맞았다 삼월이 아픈 게 너뿐이냐? 허기진 배야 물이라도 들이키지 영혼은 어찌 할 것이냐 며느리가 훔쳐내는 눈물 같은 삼월비가 내리는 날 걸음을 재촉하라.

석류꽃

석류꽃을 바라다보면 생목 향기가 아리다 늦은 여름부터 그 다음 해 여름까지 총알을 장전하고 앉아 버티고 있는 석류를 키웠음이다 네 계절을 온전히 버티기가 어디 쉬운 일인가 페르가나 농장에서 만난 석류처럼 낯익은 낯설지 않은 얼굴들이 정겹다 만원버스며 함께 고샅을 쓸었던 동무들 부르면 괜히 눈물이 난다.

꽃의 생애는 소리가 없다 꽃들은 울다가 생을 마감하는 매미처럼 울지 않는다 온 마을이 떠들썩하게 피워놓고도 흔적을 계절에 넘겨버린다 봄 그늘을 제일 많이 쌓아놓고도 말이 없다 하늘을 욕심껏 안고만 있다 제 생을 바람 끝에 매달았던 곱디고운 어머니가 생각난다.

가지 끝에 걸린 봄빛

안개 속에서 어지러운 발걸음 소리에 닳아버린 가장家長, 아이들의 볼에 핀 붉은 점들이 봄빛보다 예뻐졌다 가슴은 문지르지 않아도 이미 더워졌다 허공을 가르는 선득한 자국의 외침들 가슴앓이는 가을에만 있는 게 아니었다

수상한 일이 있는지 거리마다 경찰들은 줄지어 있고 세금 징수원의 발걸음은 부산하다 흑백도시를 조금씩 덧칠해 가며 불 밝히는 봄빛에 묻어나는 향기, 조바심도 잊은 지 오래다 체온까지 가지고 앞서간 남루를 부른다. 부르면 부를수록 멀어지는 메아리 같은 생, 몇 번이나 남았을까 따뜻한 생의 봄날들 가지 끝에 걸려 봄빛이 몸을 떤다.

사월 없는 사월

꽃이 저절로 피고 들판의 풀들 일어나고 붉은 사막이 몽글몽글 일어난다. 사람들은 또 농사를 준비하지만 찬란한 사월이란 없다. 농부들이 갈아엎는 땅엔 생명이 없다. 그냥 맨땅엔 기운 없이 누워있는 흙, 말 그대로 사막뿐이다. 농사짓기에 가장 좋다는 사막기후와 그 땅들이 맥없이 누워 일어나지 못하고 있다. 베르테르의 슬픈 사월도 한반도에 불었던 젊은 사월도 없다. 잡초들마저 듬성듬성한 사월은 트랙터 쟁기 날에 차여 곤두박질치고 만다. 젊은이들이 내두르는 괭이 날은 무뎌질 대로 무뎌져 있다. 구름이 걷히는 건기인데 아직도 하늘은 맑은 기색이 없다. 즐겁지 않은 날들이 구름 낀 날씨만큼 지루하다. 계절이 바뀌듯 바뀌어야 하는데, 일렬종대로 늘어선 사람들이 두꺼운 방패를 높게 세우고 있다. 그럴 수만 있다면 사람들의 뼈조차 갈아엎을 수 있는데 갈아엎을 사월이 없다.

오월의 공원

오월이 창문을 두드린다 근육이 굵어진 오월은 아파도 좋다 한 덩이 해가 녹음에 자지러진다 살구와 체리 꽃도 가슴앓이가 깊다 한나절 희디흰 웃음으로 공원이 환하다.

꽃보다 더 꽃인 초록의 한낮, 공원 의자에서 나르드*를 놀며 차를 마신다 제비새끼보다 더 요란한 아이들의 달음박질에 오월 공원이 달궈진다.

광장의 짧았던 함성이 바위처럼 단단한 오월, 내 조국의 기나긴 통곡들 혼자만의 사랑과 혼자만의 용서, 혼자만의 화해로 가슴앓이가 도진다.

* 나르드 : 원류는 카프카스에서 유래된 놀이라고 하나 터키를 비롯하여 동유럽과 서아시아에서 널리 이용되는 주사위 놀이이다. 특히 이슬람권에서의 남자들이 즐기는 대표적인 놀이이다.

바람의 발자국도 못 봤다

바람이 드러눕고 말았다. 몇 대의 자동차가 요란하게 지나간다. 사람들도 보이지 않는다. 플라타너스 잎들도 일제히 숨이 멎었나 보다. 풀잎 하나 흔들 기력이 없다. 부채질로 연신 깨워보는 사람들 부질없다. 더위는 켜켜이 쌓이고 온도계의 눈금은 47도를 가리킨다. 개미들만 부지런히 땡볕 실어 나르는 사이 나무의 그림자가 길어졌다. 늘어난 여름날 시간은 더욱 느리고 모두가 그늘에 주저앉았다. 아직도 바람은 일어날 줄 모른다.

숨 막히는 한낮

한낮 숨이 막힌다 난폭한 열기가 도시와 들판 나무며 꽃들까지 삼켜버릴 듯 맹렬하다 몸 깃 든 그늘까지 파먹는 더위, 햇살에 말려드는 나무 나이테도 말라간다 이대로라면 온 몸이 옹이가 될 터이다 막바지를 치닫는 여름 낯선 곳에서 만나는 폭염이 낯익다 옛 얼굴 같은 새 얼굴 지울수록 생생한 얼굴이 떠오른다 옛 길 같은 새 길에서 맞이하는 세상살이에 숨이 더 막힌다 섭씨 45도 부자들은 더위의 그늘도 사버린다 푸른 깃발은 부자들에게만 펄럭이는가.

칠월의 딱지

늘어지는 칠월 바람도 그늘에 주저앉는다. 나뭇잎 하나 흔들 기력이 없다. 바람 잠든 곳에는 더위가 쌓이고 개미들마저 속수무책 땡볕 아래 눕는다 들판에서 익어가는 목화송이들 햇볕이 키운 게 아니다 기름진 생의 이면에 수많은 아이들 손발이 묶인 흔적이 역력하다 먹장구름도 걸리지 않는 하늘에 익히지 못한 꿈들이 밤마다 걸린다 혼자 자라는 꿈들을 따라 야성이 짓는다 목화솜이 백금*이 될 때 세상도 하얗게 될까.

* 우즈베키스탄 사람들은 목화를 백금이라고 부른다. 한때는 부의 상징이 되었으나 아이들과 여자들 노동력 착취가 스며있다.

당나귀 울음

사람들 하나 둘 나무 그늘에서 빠져나와 흩어진다 여름 내내 비어있던 들판이 채워진다 수로 길 따라 안기는 바람이 더듬이를 세워 젖은 삶을 말린다 이 길을 가다보면 일상이 어스름에 잠긴다 멀리 마을에선 가난한 소망등燈이 눈물처럼 하나 둘 밝혀진다 오늘도 길게 얹드린 까실한 무니로 당나귀 앞세워 돌아간다 어머니는 늘 거기에 계신다

여름내 들판을 달군 나는 누구인가 카드점을 쳐 볼까 때 되면 울어대는 당나귀처럼 울어 볼까 아니면 거친 바람에 갈기갈기 찢겨야 할까 얼마나 더 들판에 서 있어야 하는가

들판에 자리 잡은 식물의 뿌리는 땅속 깊이 자란다 물길이 닿는 곳까지 자라지 않으면 내년이 없다 땅에서는 흔들려도 고통스럽게 흔들려도 결국 뿌리로부터 싹이 자란다 뿌리 깊은 벌판에 서서 외로움을 탓하지 마라 고통과 설움의 땅 복판에서 비탄의 눈물 흘리지 마라 영원할 것 같은 눈물은 뿌리를 적신다 너의 손 마주 잡기 위해 손 하나 오고 있나니 그대는 가을이 끝날 즈음 먼저 장가를 들라.

버둥대는 여름

바람이 들녘을 훑고 지나간다 잡풀들마저 몸을 낮추고 당나귀도 우두커니 하품을 한다 목화밭에서 일어난 바람은 푸르다 저 홀로 익은 줄 아는 듸냐를 쪼개야 한다 듸냐 하나에 니뽀시카*가 있으면 다섯 식구 한 끼니로 넉넉하다 그래봐야 오줌밖에 더 나오겠나 헉헉대면서도 멈출 수 없는 욕망이 끈적하다 주절주절 열린 고추는 커져간다 말복에 늘어진 개들이 요지부동이다 참새의 날갯짓도 멈추었다 팔월 한낮은 빛의 칼날이다 천산에서 아랄해까지 모두 베어버릴 기세다

* 니뽀시카 : 러시아식 이름. 넓게 펴서 화덕에 구운 빵으로 중앙아시아의 대표적인 주식이며 신성시하는 빵이다.

양 떼와 한 마리 개

소나기라도 한둘금 퍼부어주면 좋으련만 한 발 가까워진 여름이 아득하다. 열기 품은 도시와 열을 식히는 가슴 사이에는 보이지 않는 불꽃이 인다. 튕겨지는 빗살무늬 불꽃, 불꽃에 맞은 상처는 주변인들이다. 언제까지 불꽃에 대한 낡은 공방이 계속될지 모른다. 칼은 비껴 쳐야 제대로다.

머지않아 가을, 일찍부터 코스모스는 제석굿을 시작했고 석류는 부비트랩을 설치했다. 차라리 침침한 하늘이 낫다. 비가 올 예정이라도 가늠해 볼 수 있으므로 양떼가 몰려다녀도 개 한 마리 당해내지 못한다. 몸은 무거운데 이빨이 없다. 몸은 행동, 이빨은 말이라고 아무도 가르쳐 주지 않았다. 행동이 바깥으로 나가거나 혹은 안을 들여다 볼 때 세상은 요란해진다.

몽골병사 한 명에게 줄줄이 고개 들지 못하고 15명의 러시아병사가 끌려갔단다. 키 작은 일본군인 한 사람이 조선인들을 포승줄에 묶어 나란히나란히 줄 세워 끌고 갔듯이, 가짜와 비겁함에 길든 족속은 미래를 책임질 수 없다 전생과 선대를 다 합쳐도 티무르의 그림자만도 못하다 견고한 기억과 찬란한 이야기가 소실되고 폐허다 양들이 산에서 내려오기란 요원하다 뇌성이라도 들어봤으면.

보고 싶다

대책 없이 시간에 업혀 온 날들은 춥다 그저 고개만 끄덕였던 하루는 가볍다 사막에 있는 빈집은 폐가가 아니다 잠시 비워 둘 뿐이다 거기에 들어 밖을 내다보면 깨진 공간들이 유리조각처럼 날카롭다 황량하다는 말은 어울리지 않는다 골목들마저 온통 수정처럼 빛난다 떠나고 난 빈자리란 가득 찬 동공의 확장이다 이 자리엔 어둠도 쉽사리 접근하지 못한다 가만가만 다녀가는 별들이 정겹다

한낮의 열기를 머금지 못한 채 떨고 있는 것은 발아래 따뜻한 피가 흐르지 않기 때문이다 불길이 꽁꽁 숨어서 너에게 향한 길을 지웠기 때문이다 단 하루라도 네가 보이지 않는다면 나의 미래는 죽은 것이다 사막처럼 뜨겁던 얼굴 한 번 보고 싶다 너의 세상도 내 세상도 등불이 켜지고 강물은 흐른다 영혼이 실컷 흔들렸으니 충분히 흔들렸나니 이제 훌랑 벗어 던지고 맨살로 만나고 싶다 손 마주 잡고 함께 가고 싶다

눕히다

평상에 맘을 눕힌다 곁에 내려앉는 바람 높은 포플러 잎사귀에서 내려온다 아이들이 당나귀와 재롱을 부리더니 온데간데없다 해 그림자 따라갔는가 호두나무 넓은 그늘을 차지한 덩치 큰 셰퍼드의 혀도 풀어졌다

목동은 혼자 야망을 꿈꾼다 유르타를 짓고 아내를 맞이하고 양들과 살고 싶다 먼 훗날 깃대를 세우고 깃발을 펄럭이고 싶다 푸르게 흔들리는 깃발 아래 주먹과 주먹을 쥐고 맨주먹에 돌이라도 말아 쥐고 도시로 가고 싶다

근육이 남은 셰퍼드는 꼬리만 흔들고 일어날 줄 모른다 목동이 꿈을 가만히 눕힌다 근심마저 녹아내리는 오수

목화밭

티브이를 켜면 최면이 걸린다 화면에 목화솜 가득 핀 들판이 나온다 많은 사람들이 무표정하게 솜을 딴다 마이크를 들고 함박웃음을 띈 여자는 말한다 젊은 남자도 말한다 노인에게도 마이크가 간다 여러 사람이 더 말한다 한결같이 웃고 있다 학기 중인데 목화밭에는 10살 이상의 아이들이 즐비하다 타슈켄트 수도의 학교를 빼고 동원된 아이들이다 지방도시 혹은 시골에서 태어난 운명이다 돈은 사람을 천하게 만든다 커다란 포대에는 목화송이만 한 웃음이 가득 담긴다 저들은 무엇이 즐거울까 목화밭에서 동네 사람들이 모여 춤을 춘다 유명한 가수도 노래한다 박수를 치는 노인들의 얼굴이 지나간다 수심이 가득하다 티브이에서는 올해 수확량은 목표를 초과했다.

* 유엔이 아동 착취로 규정하고 목화수확에 학생들을 동원하지 못하게 규제하고 있어 많이 개선되었지만 2018년 가을 아직도 돈이 필요한 아이들은 학교 대신 목화밭에 머물러 있다. 특히 지방에서 단체로 원정 다니며 수확 현장에 동원되고 있다.

노동의 가을

깊은 상처라도 새살은 돋는다 고국의 경제 상황이 최하라는 소식을 들었다 중앙아시아 여러 나라들은 독립한 지 십 수 년이다 아직은 정치가 발달 중, 국민들은 사회주의에서 자본주로 변해가는 진통을 심하게 겪고 있다 이러저러한 주의에 인간성이 남을 수 있을까

숨 턱턱 막힌다 한바탕 소나기도 퍼부어 주면 좋으련만 건기다 나무 그늘을 찾아 직사광선을 피하는 것이 상수다 그늘 아래에서 여름을 보내고 나면 노동의 가을이 온다 정부는 어린 학생들까지 목화밭으로 내몬다 강제로 동원된 아이들이 수확한 목화는 세계로 수출된다 고사리 손에 쥐어진 지폐는 목화솜처럼 가볍다 지폐는 무서운 칼날이다 칼날에 등 떠밀려 미국으로 끌려간 흑인들의 삶도 가벼웠을까.

야단났다

가을 언덕에 올라 먼 곳을 살핀다 아직도 여름은 짙푸른데 달력엔 노랗게 변해가는 들녘 가을이 그득하다 사막의 한낮을 도마뱀이 잽싸게 지나간다 포도밭과 석류농장과 옥수수 숲을 가볍게 지나왔을 것이다 비 한 방울 없는 일기예보 방송을 탓해본다 여물지도 건너지도 못하던 햇살은 조금씩 겸손해진다 마음속 열기는 아직도 후끈 달아올랐다 바람의 옷깃을 잡고 뽕나무 그늘 아래 빈 몸으로 앉아야겠다 아직도 부서지지 않는 성한 여름에 가을소리 사모하는 자밀라 목소리 같은 가을소리, 기다리는 건 늘 더디 오는가.

가을의 물기

강의 시작이 설산이라면 계절의 시작은 들판이다 깊숙한 가을 속이다 과일 농장은 문을 닫았다 재벌 수확을 기다리는 들판은 첫눈을 맞은 양 온통 하얗다 양떼와 소와 당나귀들도 살이 올랐다 풀과 나무와 들판과 새들까지 모두 가을 속으로 들어간다

사람들은 아직 서성거린다 햇볕은 행선지 없는 사람들 머리 위에 앉아 있다 정치는 그대로인데 텔레비전에서는 대통령의 희망 메시지가 가득하다 돌아서면 아무 것도 달라지지 않는 울림 없는 구호들을 안고 돌아갈 곳이 없다 가을 하늘을 보면 괜히 눈물이 난다 모든 것 벗어 던지고 고국 땅 밟으러 가야겠다 고국의 가을은 잘 익어가고 있을까 동쪽 하늘에 코를 세우고 냄새를 맡는다 곧 겨울이 올 것이다

낙엽의 거처

눈부시게 청정한 세월을 내던진 날 하염없이 가을은 사그라졌다 그리고 봄마다 돋는 연둣빛 화려함으로 부활했다 비에 씻긴 잿빛 가슴마다 푸른 꿈이 있었다 안개 핀 날 도저히 잠들지 못하는 날에는 천상의 도끼라도 빌려 열매 다 떨어진 나무를 찍어버리고 싶다 세 계절이 지나도록 웅성거리던 갈대숲에서 부친 편지가 오지 않았다

그대 눈 속에서 채워진 달이 보고 싶다 달이 떠오르면 나는 또 생각한다 그대는 강 저편에 있고 나는 안개 짙은 강물 앞에 섰다 강물이 소리를 내지 않는다 계절 깊숙이 들어가 가부좌를 틀었다 나무 꼭대기나 맨 아래나 바닥에 내려앉는 시간 하나의 이름으로 고요하다 가을은 끝까지 눈물겹다

생의 냄새

가을 햇살은 처연하다 해거름에 달음박질치는 아이 같다 그 빛에 운명을 기대어 선 생명들이 저무는 오늘 달 없는 밤에도 빛나는 맨드라미다 아우성이든 비명이든 꽃이라고? 짧은 생명이면 더 강렬하다 한 시절 흐드러지게 피었다가 낙엽처럼 진대도 좋다 향기 있는 생이라면.

무지개

가을비 내리는 창가엔 공허함이 있다 어지러운 발자국들만이 남아 무게가 없다 그런데 갑자기 음악 부호가 생각난다 '쉼표' 무겁게 내려앉는 가슴을 쉬라는 뜻일 게다 멈추라는 뜻일 게다 철새들은 허공에 공명空名을 남긴 채 겨울을 건너며 이 빗속에도 날아오른다, 사람들은 빗속에서 무얼 하고 있을까 산 밑동을 적시기도 하는 지난 가을에 핀 무지개가 어디에서 시작되었는지도 모른 채 이 비 그치면 무지개를 기다릴 것이다

인력시장

기다림으로 하루를 사는 사람들 새벽부터 구일륙 입구에 선 인력시장이 사람들로 가득 찼다 누군가 몸을 사러 오면 잽싸게 달려가선 자기를 사가라고 아우성이다 배고픈 아귀들은 먹을거리를 두고 다툼한다는데, 제 몸을 파느라 바쁘나 담박에 몸이 팔리면 운수 좋은 날이다 팔리지 않은 몸은 더욱 고달프다 하루종일 여기저기를 쏘다녀도 일거리가 없다 하루를 팔아 또 하루만큼 꿈을 사들고 서둘러 돌아가는 길, 돌아갈 집이 없다 불빛들 하나 둘 별처럼 돋아나는 밤, 고향에 두고 온 식구들 얼굴이 달그락거린다 오늘은 100숨짜리 합숙소도 만원이다 가늘어져 가는 가을볕에 젖은 가슴 말린다.

당나귀의 추억

하루 종일 먹장구름이 끼었다 하늘이 조금 환해지다가 이내 닫힌다 요란하게 울어대는 당나귀 소리가 정겹다 당나귀 소리는 노래가 아니다. 때로는 통곡이다 하루 종일 서 있다가 무거운 수레를 끌고 가야 하는 오늘을 기억할 수 있을까 매질에 대한 기억은 어떨까 나무들마저 회색빛이 되어버린 오늘, 훗날 그에게 어떤 색깔이 주어질까?

가끔, 아주 가끔 인물화를 그려주었던 브로드웨이의 거리화가들이 생각난다 어두워지면 서둘러 연필을 가방에 넣고 지평선을 향해 출발하는 기차를 타러 가던.

가래톳 서는 그리움

어찌된 일인지 추위가 이마를 차갑게 했다 창가에 비친 감나무 무성한 이파리 틈새로 푸릇푸릇 손바닥만 한 하늘이 열렸다 창문을 열고 하늘을 맞이하였다 해가 충혈된 눈으로 나를 똑바로 바라보았다 나는 변명하지 않았다

밤새 아무 것도 걸려들지 않았다 아침밥은 제 꿈 하나 갉아먹어야 한다 거미는 조금씩 비워 가는 가을을 스스로 해치우고 있었다 바람의 집 앞 강물결의 잔등에 닿아있는 미루나무에서는 아무런 소식이 없었다 겨울이 오기 전에 살을 부풀려야 하는 양떼들의 발굽소리가 힘차다 햇살 쪼는 새떼 부리가 아침을 요란하게 나르고 있다

물의 전설을 믿고 바람을 따라 나선 그대가 보고 싶다 화산은 '보고 싶다'는 말 속에 산다 사막은 종종 해질녁 지평선에서 해를 먹어치운다 해 속에 살던 그리움이 사막의 위장에 자리 잡는다 위장에는 이미 화산이 들어와 있고 먹구름이 있었다 멀리 말발굽소리 들릴 때 가래톳이 섰다.

가을이 지다

전원이 끊긴 컴퓨터의 무기력한 액정, 아침은 쉽게 일어나지 못했다 안개가 걷히고 이제 막 시작한 빗줄기에 끝내 잿빛으로 사그라진다 한 번 시작한 빗줄기는 비와 눈으로 변화를 반복하다가 봄이 되어서야 물러갈 것이다 우즈베키스탄의 가을은 흉흉하게 나돌던 헛소문들조차 낙엽과 함께 시들어갔다 눈부심이 길거리에 앉아 있는 사람들 머리 위에 쌓여 있다 가을 저녁은 산책 시간을 서두르게 한다 계절도 한 생애임이 분명해진다 집안으로 아이들의 웃음소리가 진하게 퍼진다 저 웃음소리에 섞이려면 무얼 준비해야 하는가.

이월

눈에 잠긴 이월 얼마 만인가 불규칙한 계절의 변화는 사람들의 마음까지 들쑤셨다 눈 녹는 이월의 끄트머리 계절의 끝자락이기도 하다 경제는 살림을 짓누르고 정치는 그대로인데 법은 매번 바뀌면서 서민을 우롱한다 이천 오년 새해, 무너진 산사태는 도시로 가는 길을 막았다 페르가나로 가는 길조차 끊긴 지 오래다 태양을 등진 구름은 쉽게 떠나지 못하고 있다 대지를 삼키는 눈발에도 사람의 흔적들이 번쩍인다 바다는 너무 멀리 있다 물이란 물은 모두 땅으로 스며들고 땅 밑으로 난 물길을 따라 키질쿰*으로 모인다 그도 저도 못하는 흔적은 갈 곳도 스며들 곳도 없다 지금은 추운 계절 추위는 쉽게 풀어지지 않는다 봄은 오는데 마음 한 겹도 걷어내지 못한다 녹록치 않은 세상살이.

* 키질쿰 : 중앙아시아 사막 이름. 검은 사막이라는 뜻이다.

흐린 계절

타슈켄트의 겨울은 우중충하고 가슴은 겨울 바다다 오늘은 눈이라도 오려는지 먼 하늘에 구름이 몰려있다 이쯤에서 짐을 내려놓고 쉬어갈 수 없을까 새해를 며칠 앞두고 어깨의 짐이 많아진다 사내들은 집안에 앉아 있을 수 없다 모이라는 신호가 없어도 저절로 모여 선 담벼락 아래엔 금세 담배꽁초가 쌓인다 겨울철에는 담벼락을 더 많이 찾는다 담벼락에 늘어서서 일자리 정보를 나누기 위함이다 전깃줄에 앉은 새떼 한 무리 흐린 계절을 털어내려는지 날개를 연신 털고 있다 아하 저렇게 털어낼 수 있구나 사내들이 어깨 속에 깃든 날개를 이리저리 흔들어본다 흐린 계절이 개이는 듯하다.

눈밭에서

태양이 깊이 잠든 아침 바하드르는 마당으로 이어진 농장에 서서 중얼거린다. 눈밭에 서본 사람은 알겠지 하얀 속의 넉넉함, 까닭 없이 밀려오는 슬픔, 날마다 들녘에서 어둠을 맞았던 아버지와 그 아버지와 나 오늘따라 밭둑을 떠날 수 없다. 햇살의 무게만큼 내려앉는 눈 섬, 열매처럼 돋아나는 새싹과 흙냄새, 저들을 어떻게 맞을까 설렘 자루를 멘다. 머리 위에 모여 있는 검은 구름 떼, 무심하게 열어지는 이른 봄을 겨우 생각해 냈다.

그립다

풀들이 주저앉았다 거센 눈바람 타고 떠나고 싶다 밭둑마다 일어서던 풀들 그들을 싸그리 주저앉히는 눈바람 또 떠나고 싶다 일찍 도시로 간 친구처럼 내 생도 변해야 한다고 무자파르는 다짐해 본다

굶주린 사람에게 하얀 세상은 배고픈 세상이다 한때 가슴에서 끓어오르던 순수는 눈같이 깨끗하였다 물기 빠진 석류처럼 늙은 부모를 두고 떠나지 못하였다 무릎 꿇고 갈망하는 저 건너 세상, 새 봄에 길을 나서야 한다 양떼 몰며 자랐던 동무들 대도시와 이웃 나라로 떠났다 고향에 남은 무자파르는 난파선에서 표류하고 있다 찬란한 아침 해를 안고 바람을 앞세우고 길을 나설 것이다 부모님의 전송을 받으며 이렇게 다짐해 보는 오늘은 까닭 없이 사람이 그립다 손길이 그립다.

도시 변두리

말을 빌려 타고 어둑한 보드닉* 거리를 달린다. 까마귀 떠난 빈 하늘과 길조차 지워버린 들판, 훌러덩 벗어버린 겨울이 떨고 있다. 휘파람도 돌아오지 않는 빈 공간에서 혼자가 되면 두렵다. 누군가의 꿈속이라도 찾아가고 싶다. 곁에 아무도 없다는 긴 운명의 모서리에 서 있는 것과 마찬가지다. 땀 흘리는 말을 재촉한다. 저만치 들판에서 연을 불러들이는 부자지간이 반갑다. 연만 불러들이는 걸까.

* 보드닉 : 집성촌처럼 고려인들이 많이 산다. 타슈켄트 시내에 해당하면서 시외 고려인들 집성촌으로 이어지는 지역이다. 거리 이름 중 유일하게 '조병화 거리' 라는 고려인 이름의 거리가 있다. 조병화는 고려인문학의 아버지라고 불리며 스탈린 시절에 간첩으로 몰려 억울하게 총살당했으나 그 억울함이 받아들여져 복권되었으며 거리 이름으로 기억하고 있다.

안개 속

아침을 지우는 안개. 가까이 가면 그만큼만 보여주고 닫아버린다. 세상은 알지 못하는 것이 더 많다. 겨울이 시작되면 안개가 지독히 많다. 안개는 음모 같고 하얀 독 같다. 대지의 아들로 자란 나비존은 알고 있다. 아이들은 신이 나서 안개 속을 들락거린다. 아이들 달음박질에 골목골목 닫힌 세상이 깨어난다. 아이들 발길에는 열리지 않던 세상도 열린다고 생각한다. 안개 너머 닫힌 세상을 향해 전화를 건다. 어떻게 사느냐고 안녕하시냐고. 해 들어 안개 걷히면 배고픈 하루해가 길어진다. 적은 내부에 있지만 그는 동조하지 않을 것이다. 그는 고통의 신음조차 내지르지 않을 것이다. 대지의 굵은 힘줄이 그의 핏줄로 이어져 있다. 안개 걷히면 겨울은 곧 끝난다.

흔들린다

흑백 사진 속 마른 풍경이 흔들린다 오후를 덮친 삭풍 한기, 미처 가리지 못한 얼굴들 벌건 홍시 같다 주말이 덩달아 흔들린다 어렸을 적엔 추운 줄도 몰랐다 언제나 어머니가 계셨으므로, 어머니는 맛있는 음식으로 나를 품어주었다.

따뜻한 방이 그립다 내 가슴이라도 지펴야 한다 지금 흔들리는 세상에서 나는 흔들리지 않고 중심 잡아야 한다 싼 보드카로 불을 질렀다 자식들에게 눈 녹은 후 새싹 이야기를 해야 한다 그러나 지금은 흔들린다 가슴에 하얀 독이 스며들었다 머리와 가슴 사이에 배반자가 있다 그들을 색출해야 한다 나는 푸줏간의 고기가 되고 싶지 않다 쇠갈고리에 걸려 흔들리는 시체가 되고 싶지 않다 백테미르* 들판 안개를 헤치며 가야 한다 어머니에게로 서둘러 가야 한다.

* 백테미르 : 타슈켄트 시와 교외로의 경계, 여기부터 타슈켄트 시외곽이 시작된다.

눈 녹으면 싹이 돋아나겠지

어둠이 내려앉기 전 하루를 챙겨 귀가를 서두르는 사람들, 발걸음이 눅눅하다. 발길을 밝히기엔 턱없이 흐릿한 가로등, 누군가를 보듬어야 할 밤이 두렵다. 풀어헤쳐진 꿈을 껴안으며 뒤척이는 밤, 얼마 남지 않은 밤이다. 별빛이 창을 두드려 새벽을 깨운다. 춥다. 언제쯤 이 겨울이 따뜻해질까.

도시엔 유리 자동문이 생겼다. 마주 서 있으면 스스로 빨아들이는, 손쓸 겨를도 없이 빨아들이는 문, 유리문은 안과 밖이 구분이 안 되는 세상을 만들었다. 무사통과, 내가 바라는 세상은 아니다. 그런데 돈은 더 많이 필요해졌다.

눈이 쌓인 마을에 등불이 켜 있고, 빵 굽는 냄새 가득한 마을, 안과 밖이 다 보이는 유리문이 아닌 대문이 열려있는 문이 있는 마을, 돈보다는 사람들의 말이 필요한 마을에서 겨울을 나고 싶었다. 동화 속에서 동화책을 읽어주고 싶었다. 도시의 유리문에 해가 비치면 눈이 녹고 빵 굽는 화덕에 불이 붙으면 새싹이 돋아나겠지. 빛이 쩌렁쩌렁한 그런 날이 오겠지.

쌀장수 토마씨

아버지 언제 쌀밥을 실컷 먹겠소 하고 물으니 네가 일등하면 먹을 수 있다는 말에 밤낮으로 공부를 했고 늘 일등만 했는데도 쌀밥을 먹지 못해서 더욱 기를 쓰고 공부를 했지. 의대를 가고 시집을 가고 아이를 낳고도 공부를 했다 젖을 물리고도 책을 들여다보았고 적당히 하라는 어른들 앞에서도 책을 읽었다 의사가 되어서도 책은 늘 손에 있었다 아버지와의 약속을 지켰고 쌀밥을 충분히 먹게 되어서도 쌀밥에 대한 갈증은 가시지 않았고 공복감은 채워지지 않는 그리움이 되었다

짐치와 외짐치를 팔고 질굼이를 팔고 마르코브 채를 팔고 디비와 묵이를 팔고 찰떡이를 팔고 침펜과 시루떡을 팔고 피고자를 팔고 가주리를 팔고 실굼치를 팔고 배차를 팔고 시래기를 팔고 옥시끼를 팔고 국시를 팔고 물고기회를 팔고 쌀도 콩도 팥도 녹디도 동부콩도 팔고 잡채와 똥집에 순대를 팔고 간장 된장 고춧가루를 파는 구일륙 시장에서 쌀을 팔기 시작했다

난 태생부터 영웅이 아니었다 히어로처럼 사람을 위해 살 수 없었다 의술만으론 허기진 배가 채워지지 않았다 차디찬 시장 바닥 콘크리트 바닥의 한기를 느끼며 아버지의 한을 기억하였다 시베리아 철도를 타고 짐승처럼 끌려온 처절함을 짐작하며 폴리타젤 뻘밭을 맨 손으로 갈아 쌀농사를 지어야했던 아버지의 닳아진 지문이 생각날 때마다 빈속에서 전율을 느꼈다 동료의사들의 간절한 만류를 뿌리치고 날카로운 메스를 놓고 고려인이 좋아하는 쌀을 사고 팔고 있다

언어는 러시아어, 태어난 곳은 우즈베키스탄, 혈통은 고려인이라서 조국이라는 개념조차 모르는 자식들을 할아버지의 조국이라는 대한민국으로 보냈다 허연 쌀밥에 콩이며 보리쌀을 얹어 먹는다는 그곳에 나도 가볼 참이다 마음은 중력을 닮아서 한쪽으로 달려가면 점점 가속을 받게 되고 뒤돌아볼 겨를도 없이 지나가버리는 공전과 자전의 묘한 시속, 아버지가 평생 고대하던 남원 땅에 가서 아이들 죄다 불러 모아 전라도 쌀밥을 먹어봐야겠다 오늘은 봄을 기다리며 녹차를 오래도록 마셔야겠다.

해 살이

빈 나뭇가지에 매달린 애벌레의 집 한살이를 끝내고 겨울 숲에 생을 누인다. 먼 봄을 기다리며 잠드는 생 잠 깨고 나면 봄이 와 있겠다 잠들고 다시 일어났을 때 계절이 바뀌어 있으면 좋겠다. 한해살이 아무 것도 맺지 못한 채 또다시 우울한 하루를 맞아야 한다면 슬픈 일이다. 징부에서는 가스비 난방비 전기료가 밀렸다고 난방을 끊었다. 예전에 없던 처사다. 자본주의의 칼날에 내몰린 식구들이 자본주의자인 나에게 몰려왔다. 나를 쳐다보는 자한길의 아이들은 동그란 눈을 끔벅인다. 내 집을 양보하던가 밀린 난방비를 대신 물어야 한다. 보드카에 취해 살아온 것도 아니고 종종 걸음으로 새벽을 달려왔는데 시절이 취한 것인지 한 해가 비틀거린다.

■ 작품 해설

사막에서 길어 올린 힘줄

차 성 환(시인 · 문학박사)

김현조 시인은 개인적으로 체험한 이주민의 삶을 바탕으로 한국인 디아스포라의 문제를 깊이 있데 천착하고 있다. 그리스어로 이산離散, 흩어짐을 의미하는 ‘디아스포라(Diadpora)’는 김현조 시인이 끈질기게 탐구하는 시적 화두이다. 『당나귀를 만난 목화밭』은 ‘고려인’으로 불리는, 중앙아시아 지역의 이주 한인들의 구체적인 삶의 모습을 그려내면서 그들이 가지 사회 현실적인 문제를 비롯해 본향本鄕에 대한 실존적 그리움, 민족적 정체성에 대한 이야기를 담고 있다. 시인의 개인적인 소회와 상념들은 우즈베키스탄의 이주 한인들이 갖는 정서와 그곳의 이국적인 풍경들이 어우러지면서 인간에 대한 근본적인 성찰에 다다른다. 낯선 타국에서 고향에 대한 그리움을 안고 살아가는 이주 한인의 문제는 뿌리 뽑힌 채 정신적인 방황을 하는 현대인의 삶을 되돌아보게 한다. 인간은 모두 고향이나 어머니, 순수, 자연과 같은 자신의 근원을 떠나 방황하다가 다시 근원으로 회귀하려는 존재인 것이다.

비가 온다. 고려인 협동농장에 살고 있는 김 노인은 비를 보고 있다. 낙숫물이 눈물 같다. 이웃 나라 알마티로 나가 있는 자식들은 걱정 말라지만 아무래도 거짓말 같다. 나라가 왜 이 모양인지 자꾸 내 잘못인 것 같다. 자식들 얼굴 보기는 더욱 어려워졌다. 사막에서 부는 바람은 먼지가 많다. 먼지는 눈에 들어가 눈병을 일으킨다. 그래서 자꾸 눈물이 난다. 오늘도 눈물이 나는 건 먼지 때문이다. 도시에서 들려오는 소리는 꼭 먼지를 동반한 사막의 바람 소리 같다. 지금 내리는 빗물은 김 노인의 걱정을 더 키운다. 만리타국에 나와 있는 나를 걱정하고 있을 어머니가 보고 싶다.

— 「낙숫물 소리」 전문

「낙숫물 소리」는 우즈베키스탄의 "고려인 협동농장"에 사는 "김 노인"을 통해 이주민의 애환과 슬픔을 잔잔하게 그려내고 있다. 비가 오지만 이 비는 건조한 사막을 촉촉하게 적시는 시원한 비가 아니라 "걱정"을 불러일으키는 비다. "이웃 나라"인 카자흐스탄의 "알마티"로 간 "자식들"의 안위가 걱정되고 정치와 경제가 불안정한 "나라"가 걱정된다. 이 나라의 "사막에서 부는 바람"에 "먼지"가 많아 "눈병"을 일으키고 "자꾸 눈물"이 난다는 것은 척박한 환경에서의 삶이 녹록지 않음을 암시해 준다. "도시에서 들려오는 소리"는 불길하고 심상치 않은지 "먼지를 동반하 사막의 바람 소리"처럼 이곳 "고려인 협동농장"이 있는 지방에까지 걱정과 근심을 안겨다 준다. 이러한 현실 대문에 비가 마냥 반갑지는 않다. 내리는 비는 자식에 대한 그리움의 눈물이고 먼 타지에서의 신산辛酸한 삶이 주는 외로움의 눈물이다. 내리는 비를 보며 "김 노인"이 "이웃 나라"에 간 자식들을 걱정하는 것처럼 "어머니" 또한 "만리타국에 나와 있는 나"를 걱정하고 있을 것이다. 여기서 "어머니"는 실제 생물학적인 어머니뿐만 아니라 이주민들의 고향인 모국母國을 의미하기도 한다. 김현조 시인의 다른 작품에서도 "어머니"는 "제 생을 바람 끝에 메달았던 곱디고운 어머니"(「석류꽃」), "쑤셔대는 몸으로 홀로 긴 밤을 뒤척이실 어머니"(「안부」)와 같이 애틋한 그리움의 대상으로 호출된다. "어렸을 적엔 추운 줄도 몰랐다 언제나 어머니가 계셨으므로, 어머니는 맛있는 음식으로 나를 품어주었다//따뜻한 방이 그립다 내 가슴이라도 지펴야 한다 지금 흔들리는 세상에서 나는 흔들리지 않고 중심 잡아야 한다…(중략)… 어머니에게로 서둘러 가야 한다"(「흔들린다」)면서 불안한 현실에서 자신의 중심을 잡아줄 수 있는 근원적인 존재로서 '어머니'를 그리워한다.

이 시는 어머니/고향을 떠나 낯선 이국땅에서 근근이 살아가지만 이마저도 여의치 않아 자신의 자식들을 또 다른 "이웃나라"로 떠나보낼 수 밖에 없는 이주민의 현실을 보여 준다. 이러한 현실은 20세기 전후 한민족이 경험한 슬픈 역사의 한페이지를 상기시킨다. 조선 후기, 양반 기득권의 수탈에 떠밀린 조선인들이 러시아 연해주로 이주해 정착했으며 이후 일제강점기에도 지속적으로 이민이 이루어지다가 1937년 스탈린 체제의 대숙청 당시 소수민족들에 대한 분리 정책에 의해 연해주에서 중앙아시아로 강제 이주되어야만 했던 역사적 비극이 그것이다. "김 노인"이 살고 있는 "고려인 협동농장"은 바로 옛 강제 이주민들이 혹독한 추위와 기근에 시달리면서 황무지와 같은 땅에 피땀으로 일궈낸 개척지이다. 이 터전 위에서 지금의 한인들의 삶이 지속되고 잇는 것이다. 그러나 자리를 잡은 듯한 먼 타국의 생활은 결코 나아지지 않는다. 옛 이주 한인들이 역사의 질곡과 고통 속에서 쫓기듯이 삶의 터전을 버리고 떠나오면서 생긴 이산가족처럼 오늘날의 이주 한인들도 온전한 가족을 이루지 못하고 어머니와 자식들과 떨어져 지내야 하는, 이산가족이 또 다른 이산가족을 낳는 상황에 처해 있는 것이다. 「낙숫물 소리」는 내리는 비를 바라보는 이주 한인의 내면을 담담한 필치로 그려내면서 한국인 디아스포라의 정서를 담아내고 있다. 김현조 시인이 우즈베키스탄에서 경험한 생생한 삶의 구체성은 시적 은유를 통해 단순히 개인사적인 의미를 넘어 민족적/역사적 보편성을 획득한다. "낙숫물"은 "김 노인"으로 대변되는 이주한인들의 눈물인 것이다.

우수리스크로 떠난 남편에게서 돌아온다던 약속 날짜가 여러 번 바뀌더니 이제는 오지 않겠다고 합니다. 벽에 걸어 둔 사진이 아직도 제 빛깔로 걸려 있는데, 아이는 오래전부터 아버지를 찾고 있습니다. 나도 당신을 불러보고 싶습니다. 속울음 오래 참으면 생병이 돋아서 더 이상은 버틸 수 없습니다. 지평선을 보며 소리 내어 울고 싶습니다. 그 울음으로 나를 씻고 나를 더듬어 그대 곁으로 가야 합니다. 아이가 나를 부르는 건 당신을 부르는 것일 테지요. 거기는 이제 살 만하다지요. 겨울의 혹독한 추위 때문에 아이의 병치레 때문에 차마 쫓아가지 못했는데 이젠 길 떠나도 되겠지요. 카레이스키이 여권이야 어디를 가도 똑같은 카레이스키인데 무엇이 두려울까요. 내 조상들이 타고 왔던 시베리아 횡단기차를 타고, 지평선을 건너 당신이 계신 원동으로 되돌아가렵니다. 나는 현대를 사는 까닭에 내 젊음을 걸고, 뜨거운 이 고향 땅을 떠나 운명을 날아보려고 합니다. 여름이 지치기 전에.

—「류다의 일기」 전문

「류다의 일기」는 일기 형식을 빌려 쓴 작품으로 러시아의 "우수리스크"로 떠난 남편을 그리워하는 아내의 슬픔을 통해 현재 중앙아시아의 이주 한인이 겪는 이산가족의 문제를 담아내고 있다. 가족의 생계를 위해서 떠난 것으로 보이는 남편은 돌아오지 않는다. 아내는 아이와 함께 "겨울의 혹독한 추위"에 시달리며 힘겹게 살아가지만 남편에 대한 그리움에 "속울음"과 "생병"에 더 이상 버틸 수 없는 지경이다. "나"는 남편을 찾아 "원동"(먼 동쪽의 연해주)으로 떠날 결심을 하는데 그 길은 "내 조상들이 타고 왔던 시베리아 횡단 기차를 타고" 되돌아가는 길이다. 자신이 태어난 "이 고향 땅"을 떠나 새로운 삶의 터전을 향해 가는 것은 "내 젊음"과 "운명"을 걸어야 할 만큼 두렵기도 하지만 "카레이스키"로서 받은 시련과 설움은 어디를 가나 똑같다면서 스스로 각오를 다짐한다. '고려인高麗人'을 뜻하는 러시아어 "카레이스키"는 러시아를 비롯해 중앙아시아 독립국가연합 내에서 살고 있는 한국인 교포들을 통칭하는 말이다. 여기서 이들 국가에서 "카레이스키 여권"에 각인된, 신분에 대한 차별을 짐작할 수 있게 한다. 중앙아시아의 많은 독립 국가들이 소수민족에게 배타적인 민족주의 정책을 고수하면서 '고려인'들이 어려운 상황에 처해있다는 것을 암시해 주는 것이다. 또한 이들 국가가 "사회주의에서 자본주의로 변해 가는 진통"(「노동의 가을」)을 겪으면서 힘없는 소수자인 '고려인'들에게는 이중의 고통이 부가될 수 밖에 없다. 김현조 시인은 여러 시편에서 '고려인'들이 겪는 현실의 부당함을 고발한다. '고려인'들이 "땅을 자유롭게 옮겨 살 수 없"(「따힐의 둘째 아들 소식」)는 현실과 "어린 학생들까지 목화밭으로 내"몰아 "수확한 목화"(「노동의 가을」)로 돈을 버는 정부에 대해 날카롭고 비판적인 시선을 보여준다. 도시와 농촌의 빈부 차이, "수상한 계절"이 "젊은이도 쉽게 데려"(「쯔가니의 일기」)가는 불안한 정치 상황과 "자본주의의 칼날에 내몰린 식구들"(「해살이」)이 감당해야 할 "녹록지 않은 세상살이"(「이월」)에 가슴 아파한다. "류다"가 처한 상황도 '고려인'들이 현재 고통받고 있는 문제 중에 하나이다. 「류다의 일기」는 연해주 등지에서 중앙아시아 지역으로 강제 이주된 고려인의 후손이 겪고 이는 암울한 현실의 이야기를 "류다"의 편지글에 실어 절절한 슬픔을 자아낸다. 김현조 시인은 중앙아시아로의 고려인 이주 역사와 관련된 고통스러운 기억이 과거에 한정된 것이 아니라 지금도 현재진행형으로 계속되는 아픔이라는 것을 분명히 보여 주고 있다.

> 흙 속에서 힘줄을 길어 올리고 그 힘줄로 자식을 키우신 지나 아버지, 조국이 없어 더욱 서러워 흙만 탓하던 그다. 아직도 그가 가꾸었던 대지는 그대로인데 힘줄을 풀어버린 그는 자신의 흙 속에 누워있다. 불경을 외듯 한글을 바람결에 풀어 읽던 그다. 자식은 러시아 글만 가르치며 지고 살지 말라 매 맞고 들어오지 말라던 그, 찬밥과 찰떡과 식은 고려식 음식을 진열하고 온 식구들이 모여 절을 하고 음식을 나누어 먹는다. 오늘은 지나 아버지의 날이며 고려인의 날, 아직도

낯설기만 한 이별이다. 그의 힘줄로부터 전해진 힘줄은 누구를 묶고 있나, 이름도 생소한 비명碑銘 앞에 빈자리를 채우는 봄날이 아프다. 먼지 때문이라 애써 딴청을 피우지만 아픔을 씻기에 맑은 햇빛이다. 묘지를 떠나면 또 바람뿐이다.

— 「고려인 한식」 전문

고려인들은 한식날에 가장 많은 후손들이 조상의 묘를 찾는다고 한다. "지나 아버지"의 묘지를 찾은 가족들이 "찬밥과 찰떡과 식은 고려인 음식"으로 성묘를 지내고 음식을 나눈다. "시나 아버지"는 돌아가신 지 일마 되지 않았는지 가족들에게는 "아직도 낯설기만 한 이병리다". "지나 아버지"는 이민 1세대로 척박한 땅을 개간開墾해서 농사일을 통해 자식을 키운 것으로 보인다. "지나 아버지"가 처음 당도했을 때 이곳은 "그냥 맨땅엔 기운 없이 누워있는 흙, 말 그대로의 사막뿐이"(「사월 없는 사월」)었을 것이다. '흙 속에서 힘줄을 길어 올린다'는 표현은 낯선 이국에서 가족을 부양하기 위해 힘든 노동을 감당해야 했던 "지나아버지"의 강인한 생生의 의지를 선명하게 보여 주고 있다. 식민지 시기였기에 "조국이 없어 더욱" 서러울 수밖에 없었던 "그"는 생전에 "한글"을 "불경을 외듯" 읽으며 떠나온 고향 밭을 그리워한 모양이다. 혹시 어린 자식이 이민자란 이유로 차별과 수모를 받지는 않을까 전전긍긍하면서 살아온 "그"의 삶은 혹독하고 설움으로 가득했을 것이다. 죽은 후에도 자신의 본래 한글 이름을 "비명碑銘"에 새기지 못하고 그에게는 "생소한" 낯선 타향의 언어로 이름을 남겨야 했으니 말이다. "그"의 "힘줄"은 죽음으로 인해 그가 평생을 일구어 온 "대지"의 "흙"속에 풀어져 버렸지만 "그"로부터 "전해진 힘줄"은 자식과 식구들이 이어받아 서로를 끈끈하게 묶고 있다. "지나 아버지"의 고향 풍습인 "고려인 한식"날을 지키는 식구들의 모습은 이 "힘줄"이 아버지의 고향 땅에 비롯되었음을 깨닫게 해준다. "고려인 한식"날은 우리("식구들")에게 "힘줄"을 내려준 아버지의 "힘줄"을 기억하게 하고 우리는 바로 "그"가 떠나온 고향("조국")이라는 "힘줄"에서 시작되었다는 사실을 확인하게 해준다. 「고려인 한식」은 "힘줄"이라는 선명한 이미지를 통해 "지나 아버지"로 대변되는 이민 1세대의 강인한 생명력과 의지를 보여 줌녀서 이민2세대가 "한식"날 마주하게 되는, 자신의 뿌리이자 근원에 대한 자각과 슬픔을 가슴 아프게 그려내고 있다.

김현조 시인은 선대 '고려인'의 고통스러운 이주사移住史를 반추하면서 현재 그들의 한이 ㅓ려있는 땅을 바라본다. 그렇다고 이 낯선 곳을 슬픔과 고통으로 얼룩진 척박한 땅으로만 기억하는 것은 아니다. "깊은 어둠일수록 별이 빛나 보인다"(「허기진 봄날」)는 시구처럼, 고려인이 발을 딛고 있는 이곳은 그들의 강한 의지로 부단하게 이룩한 삶의 터전이면서 새로운 생生의 가능성이 꿈틀거리는 희망의 공간이기도 하다. 지금이 삶의 터전에서 희망을 가지고 헤쳐 나가기 위해서 혼자가 아닌 가족, '고려인' '우리'라는 공동체의 가치를 일깨우고 되새김질한다.

사람들 하나 둘 나무 그늘에서 빠져나와 흩어진다 여름 내내 비어있던 들판이 채워진다 수로 길 따라 안기는 바람이 더듬이를 세워 젖은 삶을 말린다 이 길을 가다보면 일상이 어스름에 잠긴다 멀리 마을에선 가난한 소망등燈이 눈물처럼 하나 둘 밝혀진다 오늘도 길게 엎드린 까실한 무늬로 당나귀 앞세워 돌아간다 어머니는 늘 거기에 계신다

여름내 들판을 달군 나는 누구인가 카드점을 쳐 볼까 때 되면 울어대는 당나귀처럼 울어 볼까 아니면 거친 바람에 갈기갈기 찢겨야 할까 얼마나 더 들판에서 있어야 하는가

들판에 자리 잡은 식물의 뿌리는 땅속 깊이 자란다 물길이 닿는 곳까지 자라지 않으면 내년이 없다 땅에서는 흔들려도 고통스럽게 흔들려도 결국 뿌리로부터 싹이 자란다 뿌리 깊은 벌판에 서서 외로움을 탓하지 마라 고통과 설움의

땅 복판에서 비탄의 눈물 흘리지 마라 영원할 것 같은 눈물은 뿌리를 적신다 너의 손 마주 잡기 위해 손 하나 오고 있나니 그대는 가을이 끝날 즈음 먼저 장가를 들라.

—「당나귀 울음」 전문

이 시의 1연에는 해 질 녘 가을 들판의 풍경이 펼쳐져 있다. 들판에는 하루 일과를 끝낸 사람들이 흩어지고 어두워지는 먼 "마을"에는 "가난한 소망 등燈이 눈물"이 맺히듯 "하나 둘 밝혀신다", "나"도 고단하고 힘든 노동의 끝에 "당나귀"를 앞세워서 집으로 돌아가는 길인데 문득 "어머니"가 떠오른다. "어머니"는 자식에게 무한한 보살핌과 따뜻함을 주는 근원적인 대상이다. "여름 내 들판을 달군" 노동에 지치고 "거친 바람"에 시달려왔기에 "어머니"는 더없이 보고 싶은 존재일 것이다. 2연에서 "나"는 이러한 힘든 생활에 가슴 깊이 맺힌 한을 토로한다. 지금의 "나는 누구인가"라는 실존적 물음에 찢기면서 "당나귀처럼 울어볼까"라며 괴로운 심정을 드러낸다. 3연은 "나"가 보고 싶은 "어머니"의 목소리를 상상적으로 구성한 것으로 보인다. 마치 2연에서 "나"의 힘든 한탄을 듣고 3연에서 "어머니"가 그에 대한 응답과 다독거림의 말을 건네는 거처럼 말이다. 아무리 척박한 "들판"이라 하더라도 포기하지 않고 "물길이 닿는 곳까지" "뿌리"를 내린다면 세상 풍파에 "고통스럽게 흔들려도" 쓰러지지 않은 채 "결국" "싹"을 틔울 것이다. 이는 "들판"에 심은 "식물"인 농작물에 대한 이야기에 국한되지 않고 이곳 척박한 땅에 이주해 온 사람들('고려인')의 삶에 대한 비유로서 기능한다. "바람막이 없이 땅 위에 내던져진 식물들은 요동친다. 먼 옛날 연해주 지방에서 시베리아 철도를 타고 건너온 고려인 이주민들이 그랬다. 홀씨를 날려 다른 생명체를 잉태한다. 때대로 바람이 불어와 흔적 없이 수분을 앗아가는 날 메마름을 대물림당하는 죽음이 길"(「바람 부는 날」)이지만 땅속 보이지 않는 곳에 "뿌리"를 내린 씨앗이 어느 순간 "싹"이 자라고 온전한 "식물"을 이루듯이, 이곳이 "고통과 설움의 땅"이더라도 꿋꿋이 "부리"를 내리고 "외로움"을 견디고 살아간다면 스스로 오롯이 일어설 수 있을 것이다. "비탄의 눈물"을 흘리는 "나"를 다독이고 위로하는 "어머니"의 말씀은 든든한 힘이 되다. 또한 예언하듯이 "너의 손 마주 잡기 위해 손 하나 오고 있"으니 "가을이 끝날 즈음 먼저 장가를 들라"(「당나귀 울음」)는 "어머니"의 권유는 혼자서 고군분투하지 말고 낯선 타지에서 가족을 이루고 살아가라는 뜻으로 보인다. 척박한 땅인 이곳을 삶의 터전으로 삼아 번성하기를 소원하는 것이다. 이 시의 마지막 문장을 읽었을 때, 1연에서 본 "마음"의 "가난한 소망등燈"은 단순한 풍경 이미지로서가 아니라 시의 핵심적인 이미지로 다시 소환된다. 즉, "가난한 소망 등燈"은 가난하지만 단란한 가족이 저녁 식탁에 모여있는 집을 환기시키면서 이주민이 마음속에 품은, 따뜻한 가족에 대한 희망의 이미지로 나타나는 것이다. "너"의 손을 마주 잡기 위해서 오는 "손"은 위로와 희망의 "손"이며, 이 "손"의 만남과 결속은 '개인'에서 벗어나 '우리'라는 흐망의 공동체를 만들어낼 수 있는 타자와의 연대를 의미한다. 이러한 연대 속에서 이곳은 더 이상 불모지와 같은 낯선 타향이기를 멈추고 이제 그립고 정겨운, 전혀 새로운 고향의 가능성을 갖게 된다.

> 먼 들녘을 달려오는 봄 놓아주지 않는 겨울의 손목을 뿌리치고 분주하다. 거리마저 분주한 지금 어머니들은 가마솥 걸어놓고 장작불 피워 수말락을 만들고 있겠지. 마을도 변했을까 낯선 것들에 밀려 하나 둘 사라지는 정겨운 추억들, 씨앗을 뿌리며 다시 시작해야 하는 지금 시샘하는 봄비 너도 두려운가. 그러나 저 들판은 안다. 가족의 품과 고향집에서 지새는 첫 날 밤을, 사람들이 돌아온 고향집은 활기가 넘치고 이곳의 아버지들은 음식을 하고 어머니는 자식 자랑에 시간이 모자란다. 올 땐 빈 손 갈 땐 한 해의 심줄을 가지고 일터로 돌아간다. 봄이 성큼 온 날이다.
>
> —「나우르즈」 전문

「나우르즈」의 시적 화자는 '고려인'의 땅을 떠난 상태에서 그 "마을"을 그리워하는 정화으로 보인다. '나'는 이슬람권에서 농사 시작을 알리는 큰 명절인 "나우르즈"에 "어머니들"이 잔치 음식 "수말락"을 만들고 있을 거을 상상하면서 "정겨운 추억들"을 떠올린다. 사람 사는 것은 어디나 비슷한 모양이다. 우리나라에 온 일가친척이 모여 음식과 정을 나누는 설날이 있듯이 R 나라에도 이와 유사하게 흥겨운 명절인 "나우르즈"가 있으니 말이다. "가족의 품과 고향집에서 지새는 첫날 밤"은 "활기가 넘치고" "자식 자랑에 시간이 모자"를 정도로 이야기꽃이 활짝 핀다. 잘 보낸 명절 덕에 "한 해"를 든든히 버틸 "심줄"을 하나씩 들고 "일터"로 가는 발걸음은 가벼울 것이다. 이 시는 "봄이 성큼" 오는 것처럼 밝은 희망과 기대로 가득 차있다. 고국에서 멀리 떨어진 '고려인'이 낯선 땅의 힘든 현실을 이겨낼 수 있는 것은 바로 "가족" 때문이다. 김현조 시인은 낯선 이국땅에서 같이 울고 같이 웃을 수 있는 "가족"이라는 공동체의 가치를 새롭게 발견한다. 그리고 그는 이 공동체가 크게 확장될 때에 우리의 삶이 더 풍족해지고 사람들이 살 만한 세상이 될 것이라고 믿는다. "돈보다는 사람들의 말이 필요한 마을에서 겨울을 나고 싶었다"(「눈 녹으면 싹이 돋아나겠지」)라는 시구에는 그의, 인간에 대한 따뜻한 믿음이 아로새겨져 있다. 김현조 시인은 낯선 땅에서도 희망을 잃지 않고 뿌리를 내리고 꽃을 피우는 '고려인'에게만 해당하는 것이 아니라 인간이라면 지향해야 할 보편적 가치이다. 불모지와 같은 이 땅에 사람 냄새 나는 마을을, 뭇사람들을 따뜻하게 품어주는 새로운 고향을 일궈낸 "고려인"의 "힘줄"(「고려인 한식」)은 인간이 반드시 가져야할 본연의 의무이자 책임이다. 곧 그의 시는 사막에서 길어 올린 '힘줄'이다.

「당나귀를 만난 목화밭」은 산문시편散文詩篇의 차분하고 진중한 호흡으로 '고려인'의 삶의 모습과 디아스포라의 정서를 담아내면서 이를 극복하고 나아가야 할, 연대와 사랑이라는 인간의 보편적인 가치를 역설한다. "국경이 없고 정치가 없고 지역이 없고 주의 주장이 없고 개발이 없고 사람과 자연의 경계가 없는 세상 …(중략)… 사람들이 선을 긋지 않고 살 수 있는 사회 …(중략)… 살아있는 생명에 기쁨이 솟는 세상(「경제」), 그것은 김현조 시인이 바라는 세상이다. 인종과 민족, 나라의 구분이 없이 함께 어울리고 삶을 나눌 수 있는 유토피아에 대한 꿈, 차별과 핍박이 없는 나라, 김현조 시인은 인류가 한민족의 역사 속에서 '고려인'이 겪은 비극을 반복하지 않기 위해서는 서로에게 먼저 내미는 따뜻한 '손'이 필요하다고 말한다." "이제 훌랑 벗어 던지고 맨살로 만나고 싶다 손 마주 잡고 함께 가고 싶다"(「보고 싶다」). 그의 시는 "사막에서 불어오는 바람에 귀 기울이면 그들이 은밀히 전해 주는 이야기"(「누쿠스 처녀」)이다. 그의 '손'을 한번 잡아보지 않겠는가. 머나먼 '고려인'의 땅에서 보내온 이 이야기를 듣다 보면 어느새 우리의 '손'은 한층 더 따뜻해진다. 따뜻한 '손'의 온기가 또 다른 이웃의 '손'에 전해질 때 세상은 한층 더 밝아질 것이가. 그리고 우리의 '손'은 내내 아름다울 것이다.

4부

사막 풀

실크로드를 건너다

이름을 기억하지 못하는 한 종의 사막 벌레는 서로를 감싸고 더위를 져나르고 있다 굵은 돌그림자 아래서는 쟁기질이 한창이다 저 붉은 사막에도 씨를 파종하고 있다 사막은 사막으로서 열렬한 존재다 사막에 있으면 허기짐과 사랑 도시 그리고 문명을 잊는다 이음쇠 하나없이 줄줄이 이어지는 생生이다

풀잎 끝마다 가시로 무장한 풀들은 불면으로 문명과 싸웠다 그들이 포획한 것은 대책 없는 생을 유지하는 것이다 누군가 끈질긴 폭력으로 몰아쳐 와 가시 없는 밑둥부터 파먹는 것을 알면서도 손을 쓰지 못한다 멀지 않은 곳에 오아시스가 있는데 그들은 알지 못한다 침략자들도 이동을 거부한다 다른 세상의 존재를 부정한다 결국 그 자리에서 생을 마감하는 것일 뿐이다

사막에 쏟아지는 햇살은 윤기 나는 낭만이 없다 낙타도 당나귀도 인상을 구기고 산다 중세 도시에 가라앉은 태양은 다시 떠오르지 않는다 모든 길은 사막으로 모였다가 다시 사막으로 갈라졌다 그렇게 알렉산드로스도 칭기즈칸도 티무르도 다녀갔다 팍팍한 하늘 틈새로 늙은 어미의 바튼 젖 줄기가 흐를지도 모른다 걸음마를 배우는 아이처럼 뒤뚱거리며 어느 방향이든 탈출을 시도해야 한다

티무르 대왕릉을 친견하며

모래먼지 일으키며 처음 성을 점령하던 날부터 목숨 거둘 때까지 세상 구석구석을 살다 가신이여, 전쟁에서 다친 다리로 절뚝거리며 러시아와 인도와 동유럽과 터키까지 달리고 달려 보물은 다 모으고, 미녀란 미녀 죄다 모으고 인간의 모든 재미 다 보고, 흰 수염을 쓰다듬으며 말 타고 사마르칸드 도시를 하늘색으로 건설해 놓고, 절세미인 왕비를 위해 궁전을 세우더니, 왕비님을 짝사랑한 건축가를 질투해서 질투에 눈이 멀어 왕비도 죽이고 건축가도 죽이고 사랑을 얻지 못하였네 태양도 누렇게 속고 달도 하얗게 질리고 바람은 모르겠다고 모래 먼지 뒤집어쓰고 러시아와 인도와 동유럽과 터키까지 달리고 달려 보물은 다 모으고, 왕궁을 세우고 메드레세와 모스크를 세우고 사마르칸드 도시를 하늘색으로 뒤덮어 놓고, 인간의 모든 재미 다 보고, 흰 수염을 쓰다듬으며 또 말을 타고 명나라 정벌하러 나간이여

말 잔등에 오르면 멀리 보이는 세상 그 끝이 보이지도 헤아리지도 못할 만큼 넓은 세상 다 놓아두고 젊은 첩과 신하 보물 발아래 구부린 제왕들 모두 남겨두고 혼자 길을 떨치고 나섰으나 천산산맥을 넘지 못하고 미끄러운 말 등에서 내려오시다 헛발 디뎌 저승길로 혼자 가시네. 허리에 찬 구부러진 칼을 짚고 절뚝절뚝 혼자 가시네

자갈밭 모래밭 사막을 절뚝거리며 가네 칭기즈칸이 갔던 그 길을 살아서도 가더니 칭기즈칸의 제국을 다 가지시고 꾸불꾸불 따라가시네 참 재미있게 살았던 왕은 참 재미없게 저승으로 떠나고 아무도 왕을 따라 나서지 않네 칠성

님이 준 목숨 다 살으시고 동쪽 구석구석에 누울자리 마련하더니 별무늬 박힌 큰 칼을 차고 화려한 아라비아 문양 관뚜껑 아래 조용히 눈 감고 누웠네 머리 풀고 하얀 수염 쓰다듬으며 정복왕을 저승까지 안내한 낡아 빠진 역사의 길머리 돌무덤에 누운 왕이 운다 새벽달 아래 저들은 잠들고 말들만 깨어 있다 척후가 트인 길을 알린다 눈덮힌 저 언덕에 동문이 열려있다 언제 다시 돌아와 유목민의 영광 보이려는가

아이와 보름달

누군가 대문을 흔들었다
저녁과 집이 흔들, 흔들렸다
건너 집 아이가 놀러 와서
선물로 달을 가져왔단다
어디에 있느냐 했더니
우리 집 지붕 위에 걸어 두었단다
무거워서 별도 그 곁에 두었단다
어디서 샀냐고 물으려다
아내가 보내준 찰떡 몇 봉지 들고
평상에 걸터 앉아 다리그네를 태웠다
아이가 옆에 앉아 까불까불 다리그네를 타며
선심 쓰듯 달 값은 그만 두라한다
수캐가 귀를 세우고 달을 쳐다본다
아이에게서 우즈베키스탄 저녁을 받고
나는 고향 맛을 건넸다

온밤이 꽉 찼다

타슈켄트 저녁

풀벌레 소리 가득찬

방

돌아누울 자리가 없다

달빛도 식구 수를 줄여

찾아온다

고려인 마을

평상에 누워 하늘을 바라보다가
긴 장대로 별을 톡톡 건드리면
방송이처럼 별이 툭툭 떨어진다
도시로 간 별들은 가로등이 되고
가깡이 걸어 둔 별들은 반딧불이 되고
미처 줍지 못한 별은 도깨비불이 되었다

500원어치 깨를 사서 하늘에 흩뿌리고
사나흘을 기다리면 새싹이 돋아난단다
하늘에서 박힌 깨알들은 주렁주렁 별들을 매달아 놓고
가을에 이천 원 어치만 되판단다
그래도 이문이 남는다고
참으로 귀하다고 한다

새의 꿈

눈 속에서도
봄꿈이 빛나는 작은 동네
헐벗은 가지 사이로
햇살이 통통 뛰어 다닌다
입춘은 저만치 웃고 있는데
뜬금없이 솟아나는 부스스한 목소리
어디로 가야 얼마큼 가야
낙타의 발과 땀 냄새 괴어 있는 카라반* 봉놋방
저 키즐쿰**을 벗어날 수 있을까
국경이 문드러지고 길들이 지워지고
그늘도 지워버리고
초대장을 띄우는 새가 되고 싶다
광막한 어둠을 밝히는 미나렛***이 되고 싶다
광야를 향한

* 카라반 : 실크로드 대상단을 지칭, 중동과 중앙아시아를 이동하던 상인 무리

** 키즐쿰 : 붉은 사막, 중앙아시아 특히 카자흐스탄과 우즈베키스탄에 있는 사막지대를 말한다

*** 미나렛 : 이슬람 교회에 있는 높은 탑으로 저녁에는 불을 밝혀 등대 역할을 한다. 일본인 학자는 광탑이라고 지칭하였다.

오래된 삼강오륜

어머니는 큰댁에 제사 준비하러 가고
아버지는 팔베개로 어린 나를 누이고
"타박네"를 불러주고 "영웅전"도 들려주셨다
긴긴 밤 멀뚱멀뚱 잠들지 않으면
곧추 앉아 삼강오륜을 가르치셨다

아버지와 함께 제사 지내러 가는 길
무서우니 업어 달라 하면 하늘에 있는 별들이 놀린다 하고
별들이 쫓아온다고 하면 널 부르니 놀다오라 하여
결국 아버지 등에 업히지 못했다

아버지와 걸었던 고샅길 걸어간다 옛 바람이 내 몸을 살랑살랑 휘감고 쇠똥 냄새 구수한 골목길에 아직도 어린 별들 반짝반짝 개구지다

아버지의 생애를 내가 걸어간다

진달래 필 때

산마루 가득
물든 멍울
꽃 대신 가난이 피었다

무너진 토방 언저리에 앉아
땅뺏기 놀이에 잠시 잊었다가도
두어 점 수제비 뜰 때
흰 달밤 소쩍새 운다

입술 붉으라지
늘어진 뱃가죽
청보리 한 움큼
진달래 핀다

문안

이승살이 때 익은 술 못 잊어
삼례장이 서지 않아도
이틀건너 꿈길 다녀가셨던 아버지

“오늘도 걷는다 마아는~”

노랫소리 쟁쟁한 단오 이튿날
이제는 저승 어디쯤 걷고 계실
아버지에게로 향한 길 입구에서
잘 익은 복분자 술 올린다

날이 덥죠?
시원하게 목축이세요
오냐, 오냐, 거 참 시원타
석 잔이면 족하구나

무덤가에 자라난 어린 삐비풀을 씹었다
심심한 물이 입안에 고였다
일찍 몸 푼 것은 꽃이 되어 춤을 추었다
아버지가 흔들어 주는 손짓이었다

호두

시간이 공간에 머물 때 뼈가 생긴다
외로움에 외로움이 역사가 되고
기쁨위에 기쁨이 일생의 사리가 된다
겉과 속이 다른 단단한 무게로
창공에 박힌 옹이다, 나는

벽을 사이에 두고 내 안의 나를 부르고
등과 등을 맞대고 네 살과 뼈를 더듬는

한 발짝도 다가서지 못하는 형벌

천지간에 가득한 절규도
내 머리 깨지 않고는
내 육신 허물지 않고는 서로를 볼 수 없으니
무너져야 할 불덩이
유성처럼 한 덩어리 불꽃이 되리라
허공으로

나 지금 추락하리라

노을

사내의 가슴마다엔 북소리가 잠들어 있다

북소리를 풀어낼 때는

허공 가득 불덩이가 뿜어져 나간다

하늘에 난 문 닫으며 열기를 식히는

자화상 쓰기 좋은 쉰 살 넘어간 저녁에

허물

가을맞이를 하러 산에 갔다
시퍼런 비명이 빛나고 있었다
온 몸에 여름이 채워져 있었다
비문 같았다
하늘이 비었다
매미는 허물을 남기고 승천하는 버릇이 있다
매미와 가을을 좋아한 어머니
생애가 매미를 닮아가는 중이다

한낮, 어둠을 보다

사도세자는 뒤주에서 어떤 어둠을 보았을까

어둠의 보드라운 손길이 내 얼굴을 만지작거릴 때
그의 가슴을 밀치고 시선을 돌린다
어둠의 알갱이들은 단단해진 양물을 치켜들고
물렁한 내 눈을 무섭게 응시하고 있다
별들이 소스라쳐 껍데기들을 버린다
빛의 부재는 시퍼렇게 멍든 햇살의 잔뼈를 찾고 있다
밤이 어두운건 너무 많은 색깔과
너무 많은 청춘과 너무 많은 존재들
그들, '너무'에 뒤섞인 그림자이다
너무 많은 햇빛과 너무 많은 눈目속은 눈이 부시다
그렇다 푸른 어둠이 잠들지 못하면 까맣게 되고
가만 어둠을 가만 가만 뒤적이면 하얀 밤이 된다

뒤주 속에서 죽은 세자는 어둠이 무서웠을까
미라가 가지 시간은 어둠이었을까
지금쯤 어느 둔부에서 가지가 돋아나고
안으로만 시퍼렇게 자라는 겨울나무처럼
넘쿨마다 날 세운 가시들은 쉬이 보여주지 않는다
아직도 먼 새벽

내 방은 산소를 가득 채우고 사막을 건너려 하고 있다
창문까지 기어오른 별 껍데기가 기웃거리고
달마가 눈 부릅뜬 양초에 불 붙이면 비명이 들린다
소리보다 어둠에 익숙해져야 한다
훗날 눈감고 귀막혀 풀기 없이 나무관속에서
사도세자를 생각하고 미라가 되는 것
어둠의 알맹이, 그를 보듬을 연습을 한다
전기가 나가버린 날

무단침입

비 개인 후 마당을

느릿느릿 뻗어가는 지렁이에게

걸음이 늦다고 재촉했더니

잠깐 풀 그늘에 쉬어가잔다

지금 가는 이 길이 얼마나 바쁜지

살던 집에서 맨 몸으로 나왔단다

호미 날이 아무리 무서워도

제 생의 속도를 벗어나지 못한다며 들어누워 쉬잔다

저나 나나 아무리 빨리 달려도

지구를 벗어날 수 없다면 느긋하다

개와 달

어둠이 서 있어고 어둠이 되지 못하고
홀로 걷는 발자국만 어둠에 묻힌다

암캐에게 밤새 물어뜯긴 달은
너덜너덜 찢어진 얼굴로
동네 가득 암내를 풀며
개에게 당한 개 같은 재수만 탓했다

이 밤은 혼자 보체는 옆집 수캐나
전쟁 통에 가족 잃고 베트남에서 온 사람이
꽃망울에 숨어 있는 중독증 같은 봄을 앓는다

퍼렇게 날선 바람에 어둠이 베였다
어둠은 피를 뚝뚝 덜어뜨리며 냄새를 남기고
들판 가득 달빛을 엎질렀다
오늘밤은 일생을 달려온 달빛이
암캐에게 제대로 물렸다

달무리

봄밤 까닭 없이 슬픈 건
첫사랑 때문일까
색동옷 날개가 버거운
꽃잎에 숨어버린 꿈
달빛에 동아줄을 매달아 놓았더니

달이 어금니를 꽉 깨물고 인상을 썼다

화석물고기

떠들썩했던 사막 벌레가
별을 씻으러 간다

뼈마디 마다 낡아서 지워진 이름이여
낡은 지느러미로 너에게 갈 수 없어서
오래된 궤도 열차에 나를 실어 보낸다
비늘과 꼬리가 떨어져나가고
살과 눈알도 발라버리고 기억마저 지우는 바람기의
절정에서 굳어진 외마디는 너의 이름이었다

물속에서 살아도 바다를 몰랐던 물고기가
모든 길들의 경계가 무너진
물의 그림자조차 지워진 바다에서
그대 보고 싶은 마음을 죽이고 있다

물방울의 기억으로 남아있던 그대여
사막과 바다 사이
한때나마 풀꽃이 되어 피어나야 한다
당신의 마음이든 내 가슴속이든
냉큼 일어나야 한다

≫

물속에 살아도 바다를 몰랐던 시절부터
당신 곁에서 화석이 되어
모래 위에 떠 있는 사막꽃 아래
별을 씻으러 간다

무궁화

— 유월을 기리며

천만년을 사랑하자고 맹세할 때
나는 몰랐다
할 지나면 무너져 내리고
아침마다 새롭게 피어나는 목숨
한 발짝 다가가면 마음 하나가 꽂이고
마음 하나 일어나며 다시 목숨이 되었건만
날이 저물면 그대로 끝날 것 같던
그 울음꽃 세상이 사랑이었다
별빛의 무게에도 목숨을 걸어야했다

바람이 불 때마다 생울음이 별똥별로 쏟아져도
나는 참말로 몰랐다
온 살에 핏발이 강물처럼 다섯 갈래로 번져가고
붉은 단심으로 노란 깃발을 날리며
풍등처럼 밤에 피어나 낮을 밝히었다
바람의 무게에도 쉬이 꺾이는 꽃모가지 받들어
남루한 한민족의 하늘 가득 알 수 없는
혹은 활자가 된 문장들을 흘리었다
흙속에 담긴 목숨들은 뒤를 부탁하지 않았다
날개 꺾인 새들의 각오가 꽃으로 피어다

시간의 모퉁이에서 곰팡이처럼 피어난 정복자들이
햇빛을 짤랑거리며 서리꽃을 피워낼 때
오랜 과거부터 먼 미래 무궁토록 기억하기 위해
내 몫의 사랑이라는 꽃이
그림자를 지우며 피어나고 있어도
나는 꿈에도 몰랐다
장맛비에 단군과 신라가 일제히 떠내려 와도
아리랑처럼 땅바닥을 굴러다녀도
그것이 사랑이라는 것을 하늘이여
나는 죽어도 몰랐습니다

자암선생*

바다를 펼쳐 놓고 시간의 행간에 느긋한 밑줄을 그었다
남해 뒤란 이슬을 옆구리에 총총히 박은 패 웅그리고 살았다
탱자나무 울타리에 모시나비가 앉아
개밥바라기별을 무두커니 바라보았다
일점선도一點仙島** 길게 뽑은 울음이 진녹색 이명이 되어 전두엽을 물었다
사내는 파도소리에도 울지 않았다

텅 빈 마당에 달빛이 찾아오면 외롭다는 말도 못하고 떡 버티고 앉아 인수체로 글씨를 섰다 남해가 막사발에 청주 한 잔 올리고 해당화 달빛 반주로 춤을 추고 홍매화 화전을 구워 폴폴 안주를 풍겼다 긴 시간 짧은 소쩍새 울음으로 가신이여, 문항리 독살 파도에 유배된 이여, 달빛 발자국에도 소스라치게 놀라는 이여, 당신의 반가움은 어디에 있나요. 발자국마저 소금에 절여놓고 폐선처럼 가라앉은 선생이여.

* 자암은 남해에 유배되었던 김구
** 일점선도 : 자암이 쓴 글이다. 남해에서 해산물이 풍부해서 보물섬이라고도 부르고 남해섬이라고도 한다.

서포의 꿈

낮엔 두견이 소나무에 앉아 바다를 지켜보았다 밤에는 소쩍새가 그 자리에 앉아 숲이 흔들리도록 애를 태웠다 잠 설친 강아지가 기지개를 켜자 바람의 그림자들이 우두둑 떨어져 나왔다

이승과 저승 간에 패인 달구지 자국을 푸른 영토에 남긴 옛사람이 그리워 기억되는 이름을 염주알 돌리듯 하면 달빛의 파편들이 문장으로 쏟아졌다 구름이 간직한 글 한편과 갈매기가 고부라진 부리에 간직했던 시 한편과 별들을 쓸어모았던 빗자루가 꾼 꿈이 소낙비처럼 쏟아놓았다 해안선이란 물이 노래하는 무대일 뿐이다

남해고도가 펼친 책에는 싱싱한 활자들이 바다지느러미 춤사위에 맞춰 새로 썼다 계절이 켜켜이 쌓인 어머니 눈빛에 오래 읽혔다 서책빛깔로 물든 포구에 파도는 푸른 포만감을 털어내었다 여덟 사람을 만나 여덟 번 사랑하였다 사람 사이에 끼어 놀다 깬 꿈은 아침을 열고 달려온 여명이었다 오래된 이름 흔들리는 보리밭에서 기억해 내고 찾아간 옛사람은 기다리지 않았다 지나간 것은 모두 옛것이 되었다 100억 신경세포로 이루어진 정신조각들이 군데군데 활자들로 남아있었다 그가 꾼 꿈 조각이었다 어머니는 아들이 건네 준 꿈을 맛있게 자시었다

* 서포 김만중

동진강, 꽃잎처럼 흘러 잘 가라

내장산 까치봉에서 질금 토해낸 물이
꾸불꾸불 먹뱀이골을 다라 내려와
정읍을 휘감아 고부들판을 적시던
동진강가!
여길 다시 걸었다는 걸 그대는 알까
얼어붙은 강물 속으로 넋 풀고 침잠하여
물처럼 흐르다 보면 만날 수 있을까
네 이름을 불러본다
기억하는 건 푸성귀 같은
네 이름뿐이어서 다시 만져본다
가벼워지지 않는 삼십년의 길들이 기우뚱했다

메아리가 정쩡 얼음장 소리를 내고
강물 소리에 새벽이 열리는 걸
저 혼자 넘쳐흐르는 강물을 보고 알았다
다시 만날 날을 기약하며 헤어지는 건 착오였다
사랑이라고 부르던 것이 미움일 때
이곳에도 기다리는 자들의 꽃은 피고
이승에서 다시 만날 수 없는 해가 진다

내 이제 강물 되리니
그대는 꽃잎처럼 예쁘게 흘러 잘 가라
강물이 되어 그댈 부르노니

그대는 뒤돌아보니 말고 흐르거라
내가 흘러가버린 후
이승 너머라도 너에게 기다림을 주리니
그대는 꽃잎처럼 흘러 잘 가라
달냄새 진하게 풍기며 흘러 잘 가라
아리랑 스리랑 그렇게

오월

퍼렇게 날선 이파리의 기세에
소리 없이 떨어져 내리는
푸른 오월

수많은 꿈들 쓰러진 도청광장에서
햇살은 벌떼처럼 쏟아지고
낡은 더듬이로 흔적을 더듬거리는
남은 꽃잎들
고딕체의 열매를
봄의 숭고함이라 했던가
잃어버린 자, 찾으려는 자
떠도는 넋일 뿐
쓰러진 우리의 소망이 흩어진 지금
이른 봄 피었던
꽃들, 와르르 무너져 내리고
널부러진 오월은 슬픈 눈이다

봄날

마중 나오지 않아도
어제는 살구꽃이 피었지
오늘은 영산홍이 불을 질렀어
개구리가 놀라 뛰어 나왔고
지렁이들이 땅 위를 막 돌아다니데
눈이 번쩍 뜨이더군
온 몸이 달아오르는데
발을 치우라며
채송화가 나를 밀어서
몸이 기우뚱했지
확 열 받았지
머리에서 땀이 나더라구
쏟아 붇는 햇살에 젖을 대로 젖어
숨이 막히더라고
햇살은 마당에서 서성거리는데
서울 간 사람은 소식이 없고
내겐 봄마저 더디 오더군

청산도

봄비가 어울리는 청산도에서는
음악을 틀지 말고
콧노래를 불러야 한다
흔한 술잔 기울이지 말고
커피도 홀짝거리지 말고
노래를 불러야 한다
혼자 사랑을 피우는 꽃처럼
남극과 북극만큼 먼 거리에 앉아
고수처럼 북채로 딱! 한 호흡을 쳐서
팽팽한 줄이 늘어지지 않게
아름다운 세상에서 튕겨나가지 않도록
낮엔 물소리 밤엔 별소리 부르고 불러도
그만큼만 채워지고 비워지는 물 위에
너와 나 사이 습한 그늘에
달이 참방참방 걸어오며 부르는 노래
아리랑을 불러야 한다

들길

뽕나무 가로수 길에
햇빛이 화살처럼 쏟아진다
햇살을 맞은 가을은 가만 놔두어도
여름 살들이 온 몸으로 번져 깊어지고

절로 저절로
안으로 물들어간다
들길을 혼자 걸으면 내 안으로 번지고

단풍을 안고 돌아가는 길이 환하다

빈들

혼자 몇 개의 들판을 먹고

큰 트림하는 허수아비

다가가 보니

뱃속에 들어앉은 늦가을이

떠나라, 떠나라! 재촉하며

귀뚜라미를 울리고 있었다

수행자

인적 끊긴 연석산
가을이 지나가는데
아직도 승천하지 못한 애벌레
나뭇가지에 앉아 수행중이다

정적을 깨우는
딱따구리 나무 쪼는 소리

안부 차 들여다보니
안면가득 미소다

앞산을 닮은 부처가 앉아 있었다

붕어섬

누군가를 닮고자 하는 일은
누군가를 온전히 쫓아간다는 것
무엇을 닮는다는 것은
기다리다 기다리다
기다림에 빠져 죽어버리는 일
기다림에 빠져 죽는 일은
다 어두워져서 자신을 팽개쳐 버리는 것
그래서 함부로 닮지 말아야지

그냥 닮는다는 건
낮달맞이꽃 멀뚱히 서서 기다리는 일

붕어가 섬이 되려면
양파처럼 눈도 못 뜨게 안으로 채워져
돌장승의 마음만큼 깊어져야한다

도시의 색이 경계를 허물 무렵
연하디 연한 풍경이 담기고
발그스름한 열기가 거리 뒤축에 쌓인다
단촐한 빗소리로 돌아가고 싶을 때
오봉산 턱 마루에서 보라
붕어로 사는 섬을 보라
섬으로 사는 붕어를 보라

■ 작품 해설

이역異域에서 상상하는 역사의 무게와 서정의 깊이

– 김현조의 시세계

유성호(문학평론가 · 한양대학교 국문과 교수)

1.

서정시는 시인 스스로 자신이 삶을 탐색하고 성찰하고 사유하는 이른바 '자기 확인'의 속성을 강하게 띠는 언어 예술이다. 산문 양식이 상대적으로 세계를 인식하려는 성격을 짙게 띠고 있는 데 비하면, 서정시가 가지는 이러한 자기 확인의 성격은 매우 고유하고도 각별한 것이다. 이렇듯 서정시의 근원적 창작 동기는 일종의 자기 확인 욕망에 있으며, 그만큼 시인들은 시를 통해 자신의 삶을 탐색하고 성찰하고 반성하는 일련의 지적, 정서적 과정을 겪으려고 한다. 이번에 새로이 펴내는 김현조 시인의 시집은, 광활한 시공간을 가로지르면서 경험과 상상을 결속하여 직조한 커다란 고백적, 상상적 도록圖錄이다. 그는 중앙아시아 우즈베키스탄에서 짧지 않게 살아온 경험을 자신의 기억으로 톺아 올리면서, 매우 깊은 인류사적 관점을 통해 그곳에서의 삶과 역사와 정서를 줄곧 내비쳐간다. 그야말로 이역異域에서 상상하는 역사의 무게와 서정의 깊이가 그의 시에는 충일하게 내재해 있는 것이다.

사실 우리가 만나는 좋은 시편 안에는 서로 이질적이고 심지어는 대립적이기까지 한 속성들이 자연스럽게 녹아 있는 경우가 많다. 가령 한 편의 시 안에 비극적인 서사가 형상화되어 있는 경우, 그것은 희망과 절연된 것이 아니라, 오히려 현실의 이치를 깊이 투시함으로써 현실과 희망을 궁극적으로 통합하려는 욕망을 담을 때가 많다. 또한 현실로부터 일종의 낭만적 초월을 감행하는 경우도, 그것은 무책임한 현실 도피가 아니라 그 나름으로 현실을 진단하고 해석하고 기대 지평을 암시하려는 상상적 고투가 될 때가 많은 것이다. 김현조 시편에는 서정시의 원형이라고 할 수 있는 이러한 상상적 고투의 시간들이 농밀하게 녹아 있다. 말하자면 김현조 시편에는 단일한 정서의 결보다는, 다양하고 복합적인 삶의 이야기들이 충일하고도 다양한 형상으로 가득 들어 있다. 그 형상들이 그의 시로 하여금 심미적 고백과 역사적 감각을 가능하게 하는 것일 터이다. 이제 그 세계로 한 걸음 들어가 보자.

2.

이번 시집에서 가장 먼저 눈에 띄는 것은 '시간'에 대한 김현조 시인의 예민한 의식이다. 우리가 잘 알듯이, 서정시는 시간에 대한 경험과 재구성이라는 고유한 양식적 특성을 가진다. 그만큼 서정시는 시간에 대한 첨예한 탐색을 통해 삶의 궁극에 대한 상상적 경험을 치러간다. 김현조 시인은 서정시가 구현하는 시간 형식에 자신의 상상력과 경험을 투사投射하면서, 그에 대한 남다른 사유와 감각을 보여준다. 말하자면 그것은, 실존적 존재자일 수밖에 없는 인간이 자신의 물리적 시간을 통해 전혀 다른 생성적 시간을 상상하는 방식으로 나타난다. 다음 시편들은, 이역에서 부르는 절절한 경험의 노래로서, 한 몸으로 공존하는 시간 형식을 들여다보고 있는 대표적인 경우일 것이다.

풀벌레 소리 가득 찬
방
돌아누월 자리가 없다
달빛도 식구 수를 줄여
찾아온다

— 「타슈켄트」 전문

평상에 누워 하늘을 바라보다가
긴 장대로 별을 톡톡 건드리면
밤송이처럼 별이 툭툭 떨어진다
도시로 간 별들은 가로등이 되고
가까이 걸어 둔 별들은 반딧불이 되고
미처 줍지 못한 별은 도깨비불이 되었다

500원어치 깨를 사서 하늘에 흩뿌리고
사나흘을 기다리면 새싹이 돋아난단다
하늘에서 박힌 깨알들은 주렁주렁 별들을 매달아 놓고
가을에 이천 원어치만 되판단다
그래도 이문이 남는다고
참으로 귀하다고 한다

— 「고려인 마을」 전문

'타슈켄트'나 '고려인' 같은 중앙아시아를 환기하는 기표들이 제목으로 등장하는 이 시편들에서, 시인은 이역의 경험과 소회를 강렬하게 토로해간다. 단정하고 응축된 심상의 앞 시편에서는 돌아누울 자리가 없을 정도로 비좁은 "풀벌레 소리 가득 찬/방"에 "달빛도 식구 수를 줄여/찾아온" 시간을 노래함으로써, 타슈켄트에서의 저녁이 가파른 시간의 한 지점이었음을 우리에게 알려

준다. 그렇게 고향을 떠난 바깥에서, 시인은 외로된 세월을 고백하고 또 회상해간다. 뒤의 시편에서는 평상에 누워 하늘을 바라보다가 장대로 별을 건드리면 밤송이처럼 별이 떨어진다는 '고려인 마음'을 기억의 대상으로 하였다. 별들이 각처로 흩어져 "가로등/반딧불이/도깨비불"이 되었다는 표현은, '고려인 마을'의 밤하늘이 얼마나 무수히 빛나는 별들로 가득한가를 보여주는 심미적 삽화이다. "별들이 천공에서 간격을 유지하는 것도 스스로 빛나기 위해서"(「간극」)라는 시인의 다른 시편이 생각나는 순간이 아닐 수 없다. 깨를 사서 하늘에 흩뿌리면 새싹이 돋아나고, 하늘에서 박힌 깨알들이 별들을 매달아 놓았다가 가을에 되파는 순환 원리는 "참으로 귀하다고" 할 수밖에 없는 이곳 아름다움을 보여주기에 족하다. 이처럼 시인이 노래하는 '타슈켄트/고려인 마을'의 저녁이나 밤은 한편으로는 가파르고 한편으로는 아름다운 시간으로 충일하다. 비록 "먹어도 먹어도 채워지지 않는 허기로/내 숨을 연장하고 있는 타향"(「유랑의 끝」)이지만, 시인은 "삶의 윗목 아랫목 가리지 못하고/살아온 내 생"(「보자」)을 바라볼 수 있는 역상逆像을 이곳에서 이토록 아름답게 만나는 것이다.

이러한 경험과 사유의 과정은 대개 공간적 상상력을 통해 펼쳐지는데, 시인은 깊은 장소적 경험을 매개로 하여 자신이 깨달아온 삶의 이법을 들려주는 작법을 줄곧 택하고 있다. 이러한 성찰과 반성의 시학을 통해 자신의 시적 수심水深을 들여다보는 시인은, 자신의 시학적 표지標識를 회고적이거나 퇴영적인 정서에 머무르게 하지 않는다. 외려 그이 태도는 그로 하여금 성찰과 반성의 결과를 역동적 꿈의 세계로 끌어올리게끔 하고 있는데, 이때 꿈은 비록 비원悲願에 가까운 것이지만, 새로운 존재론적 생성을 예비하고 있다는 점에서 김현조 시편의 궁극이 결코 비관론에 기울어 있지 않다는 것을 증명해 준다.

3.

서정시에서 다루어지는 '기억'이란, 시인이 지나온 시간의 의미를 형상화하려는 의지에서 비롯된다. 이때 기억의 내용은 항상 표면에 떠 있는 어떤 고정된 상像을 뜻하지 않고, 당시 경험과 비슷한 맥락이 나타나면 언제든지 그것을 유추적으로 회복할 수 있는 역동적 형상을 함의한다. 이러한 기억을 매개로 한 시간 형식이 바로 서정의 원리 가운데 가장 고전적인 것이라 할 것이다. 하지만 '시적인 것'이 내면과 사물의 유비적 관계를 노래하는 것에 멈추지는 않는다. 시적인 것은 대상을 내면에 실어 표출하는 것으로 나타나기도 하지만, 대상이 품고 있는 서사적 계기들을 재현하는 경향으로도 그 중요성을 평가받을 수 있기 때문이다. 김현조 시편은, 이러한 내면의 출렁임과 경험적 서사가 기억 속에서 견고하게 결속하는 특성을 지니면서 가장 근원적인 기억들을 향하고 있다.

누군가 대문을 흔들었다
저녁과 집이 흔들, 흔들였다
건너 집 아이가 놀러 와서
선물로 달을 가져왔단다
어디에 있냐 했더니
우리 집 지붕 위에 걸어 두었단다
무거워서 별도 그 곁에 두었단다
어디서 샀냐고 물으려다
아내가 보내준 찰떡 몇 봉지 들고
평상에 걸터앉아 까불까불 다리 그네를 타며
선심 쓰듯 달 값은 그만 두라 한다
수캐가 귀를 세우고 달을 쳐다본다

아이에게서 우즈베키스탄 저녁을 받고
나는 고향 맛을 건넸다

온 밤이 꽉 찼다

—「아이와 보름달」 전문

이번에는 '별'이 아니라 '달'이다. 시인은 건너 집 아이가 대문을 흔들면서 놀러 온 삽화를 시로 다루었다. 아이는 "달"을 선물로 가져왔다면서, 자기 집 지붕 위에 별과 함께 걸어두었다고 말한다. 시인은 "아내가 보내준 찰떡 몇 봉지"를 들고 평상에 걸터앉아 아이를 다리그네 태워 "달 값"은 그만두라고 말해준다. 그렇게 시인과 아이는 서로 "우즈베키스탄 저녁"과 "고향 맛"을 선물로 받은 것이다. 그러니 시인의 마음처럼, 온 밤이 꽉 찼던 것이 아닌가. 여기서 시인은 '우즈베키스탄'의 가난한 소년이 가져온 자연 사물과 아내가 보내온 '고향 맛' 사이의 아득한 시공간을 느끼고 있다. 그것들은 "달빛의 파편들이 문장으로 쏟아"(「서포의 꿈」)지는 이역의 공간을 환기하고, 또 "고향집 묵은 초등학교 담장 아래/한촌寒村을 밝힌 개나리꽃"(「봄」)처럼 따뜻하고 아름다운 품을 생각하게 해준다. 그래서 아이의 저녁 방문은 "원문에 없는 생을 더듬어 여름밤을 읽는"(「폴리타젤 협동농장」) 과정에서 "은밀히 숨어든 황홀경"(「도깨비춤」)이지 않았을까 짐작해본다.

어머니는 큰댁에 제사 준비하러 가고
아버지는 팔베개로 어린 나를 누이고
'타박네'를 불러주고 '영웅전'도 들려주셨다
긴긴 밤 멀뚱멀뚱 잠들지 않으면
곧추 앉아 삼강오륜을 가르치셨다

아버지와 함께 제사 지내려 가는 길
무서우니 업어 달라고 하면 하늘에 있는 별들이 놀린다 하고
별들이 쫓아온다고 하면 널 부르느니 놀다오라 하여
결국 아버지 등에 업히지 못했다
아버지와 걸었던 고샅길 걸어본다 옛 바람이 내 몸을 살랑살랑 휘감고 쇠똥
냄새 구수한 골목길에 아직도 어린별들 반짝반짝 개구지다

아버지의 생애生涯를 내가 걸어간다

—「오래된 삼강오륜」 전문

이제 시인의 아득한 기억은 '고행 맛'을 지나 일종의 자기 기원(origin)을 찾아간다. 말하자면 시인은 "큰댁에 제사 준비하러" 가신 어머니와 "팔베개로 어린 나를 누이고/'타박네'를 불러주고 '영웅전'도 들려" 주셨던 아버지에 대한 오랜 기억을 불러온 것이다. 아버지는 늘 어린 시인에게 삼강오륜을 가르치셨다. 제사 지내러 가는 길에서 아버지는 늘 "하늘에 있는 별"을 말씀하시면서도 어린 시인을 안아주지 않으셨다. 그런 시인이 이제 아버지처럼 나이가 들어 "아버지와 걸었던 고샅길"을 걸어본다. 아직도 어린 별들 반짝이고, 시인은 "아버지의 생애生涯"를 걸어가는 자신을 발견하게 된다. 그야말로 '오래된 삼강오륜'이 환청처럼 그때 들렸을 것이다. 그렇게 시인은 "아버지가 남긴 뿌리가 내 안에서 자라고"(「떠다니는 계절」) 있음을 기억하면서, "그 험한 길을 따뜻하게 열어주신 아버지의 등이었으면/침묵과 투명사이 가파른 세월에 언 몸을 품어주시던 어머니의 품이었으면"하는 바람과 함께 "나이 묶은/아버지의 등과 어머니의 품과 숲을 기억하는 일"(「책상」)이라고 노래할 수 있었을 것이다.

김현조 시인은 단아하고 따뜻한, 그러면서도 심미적 회감回感의 상상력을 통해 자기 기원이라고 할 수 있는 '고향'과 '부모님'에 대한 깊은 기억을 수행해 간다. 모두 이역에서 부르는 간절한 회상의 노래일 것이다. 이러한 노래를

통해 시인은 일상에 편재偏在해 있는 불모성을 치유하고 새로운 희망의 가능성을 꿈구는 모습을 한결같이 보여준다. 그리고 자신의 몸 속에 간직했던 어떤 힘과 아름다움을 발화하는 그의 목소리를 통해, 우리는 우리의 몸 안팎에서 잊혀진 그리고 몸 안팎에 가득한 오래된 기억과 만나게 된다. 일찍이 워즈워스가 말한 "치유하는 힘"(healing power)이 그 노래에는 깊이 담겨 있을 것이다. 한 기억과 한 기억이 결속하면서 태어난 새로운 소우주(micro cosmos)가 바로 '시'가 아닐 것인가. 그 안에서는 삶과 죽음이 하나가 된 새로운 시간이 탄생하면서, "햇살도 두 손 모은/어머니의 간절한 정성"(「대보름 아침」)이 날날이 재현되고 있을 것이다.

4.

또한 김현조 시인은 사물들끼리의 상호 연관성을 중시하면서 사물과 내면 사이에서 출렁이는 내밀한 움직임을 노래하고 있기도 하다. 그 점에서 그는 사물과 내면 사이의 상호 조응과 교감, 유기성 등을 강조하여 표현하는 시인이다. 그는 우리 시대를 불모로 인식하고 노래하면서, 우리는 그 폐허를 견디고 오랜 기다림과 그리움으로 살아갈 것을 고백해간다. 하지만 그럼에도 불구하고 폐허를 상상적으로 넘어서고 치유하는 방법론을 한결같이 탐구해마지 않는다. 그 점에서 김현조 시인만큼 성실하게 이러한 과제를 일관되게 궁착하는 시인도 퍽 드물 것이다. 그 힘의 이면에 사물들을 향한 따뜻한 성정과 시선이 저류底流로 흐르고 있음은 말할 것도 없다. 다음 시편을 한번 읽어보자

시간이 공간에 머물 때 뼈가 생긴다
외로움에 외로움이 역사가 되고
기쁨 위에 기쁨이 일생의 살 리가 된다

겉과 속이 다른 단단한 무게로
창공에 박힌 옹이다, 나는

벽을 사이에 두고 내 안의 나를 부르고
등과 등을 맞대고 네 살과 뼈를 더듬는
한 발짝도 다가서지 못하는 형벌

천지간에 가득한 절규도
내 머리 깨지 않고는
내 육신 허물지 않고는 서로를 볼 수 없으니
무너져야 할 불덩이
유성처럼 한 덩어리 불꽃이 되리라
허공으로

나 지금 추락하리라

— 「호두」 전문

'호두'라고 하는 구체적 사물을 두고 시인은 "시간이 공간에 머물 때" 생겨난 '뼈'를 연상한다. 호두의 견고하고 단단한 껍질을 '뼈'로 바라본 것이다. 그렇게 각과殼果의 단단한 껍질처럼 사람도 "외로움에 외로움이 역사가 되고/기쁨 위에 기쁨이 일생의 사리가" 되어간다고 시인은 설파한다. 여기서 '역사/사리'는 시간의 침전물처럼 남은 오랜 삶의 결과가 아닐 것인가. 그때 시인은 스스로 "겉과 속이 다른 단단한 무게로/창공에 박힌 옹이"라고 선언한다. 안팎이 서로 다른 견고한 무게로 "벽을 사이에 두고 내 안의 나를 부르고/등과 등을 맞대고 네 살과 뼈를 더듬는" 시인의 모습은 가장 웅숭깊은 인간의 실존적 단면을 잘 보여준다. 그것이 비록 "한 발짝도 다가서지 못하는 형벌"일지라도 시인은 "육신 허물지 않고서는 서로를 볼 수" 없는 "무너져야 할 불덩이"로서의 실존을 첨예하게 노래한 것이다. 그러니 시인은 그 견고하고 아름다운 "유성처럼 한 덩어리 불꽃이" 되어 추락하겠다고 다짐하는 것이다. 이 창공에서 지상으로 내려오는 낙하(낙하)의 상상력이야말로, 김현조 시인의 창의적 에너지가 분출하는 독자적인 방식이요, "국경이 문드러지고 길들이 지워지고"(「새의 꿈」) 지금은 고독한 상황에 있는 자신으로 하여금 "뼈마디마다 낡아서 지워진 이름"(「화석물고기」)을 넘어 "절반의 삶도 마저 비우면/다시 채워지는 순환"(「시월」)의 역리逆理에 가 닿게끔 하는 처방이기도 할 것이다. 다음은 어떠한가.

뽕나무 가로수 길에
햇빛이 화살처럼 쏟아진다

햇살을 맞은 가을은 가만 놔두어도
여름 살들이 온몸으로 번져 깊어지고

절로 저절로
안으로 물들어간다

들길을 혼자 걸으면
내 안으로 번지고

단풍을 안고
돌아가는 길이 환하다

— 「들길」 전문

시인의 이러한 역설의 상상력은 '들길'을 걸으면서 한껏 느끼는 생성과 소멸의 변증법으로 이어진다. 시인은 햇빛이 화살처럼 쏟아지는 가로수 길에서 "햇살을 맞은 가을" 안으로 "여름 살들이 온몸으로 번져 깊어지고" 있는 순간을 목도한다. 그 번짐과 깊어짐은 "절로 저절로/안으로 물들어간" 시간을 잘 보여주는데, 그렇게 "들길을 혼자 걸으면/내 안으로 번지고" 있는 시간 안에서 시인은 "단풍을 안고/돌아가는 길"을 환하게 바라본다. 이때 단풍으로 상징되는 가을날 들길의 소멸해가는 풍경은 "한 발자국도 다가갈 수 없는/경계,//빛의 절정"(「동지(冬至)」)처럼, 여름날의 활력을 깊은 번짐으로 담아내는 환한 역설의 장치로 거듭난다. 시인의 생각에 "씨앗이란 본래부터 계절로 향한 뿌리"(「떠다니는 계절」)였고, 우리 모두는 "제 생의 속도를 벗어나지 못한"(「무단침입」) 채로 자연의 거대한 순환적 질서에 편입되어 갈 것이다. 또한 "기지개 켜는 나무 아랜/고요가 종교의식처럼 웅장"(「텃밭」)하게 번져가고 있을 것이다.

이렇게 개별자로서의 생이 마감되는 날, 그 생을 새롭게 생성해가는 시간에 대해 시인은 상상하고 해석하고 표현한다. 생애의 전全과정을 직선적으로 사유하는 것이 아니라, 새로운 생성과 통합의 관점에서 바라보는 시인의 시각이 사물의 은유를 빌려 구체화한 것이다. 그렇게 김현조 시편은 사물의 상상적 질서를 통해 인생론적 성찰과 반성의 자의식을 첨예하게 드러낸다. 이때 자의식을 구성하는 질료는 구체적 경험에 대한 기억이고, 그 경험과 기억을 통한 자기 반성의 의지일 것이다. 이러한 성찰과 반성 의지야말로, 실존적이고 과정적인 존재자일 수밖에 없는 인간이 자신의 물리적 시간을 통해 전혀 다른 생성적 시간을 상상해가는 하나의 방식일 것이다.

5.

다음으로 시인의 역사적 상상력을 만나보자. 여기서 '역사歷史'란, 공동체적 차원에서의 구체적 경험과 기억의 흐름이자, 우리가 새롭게 만들어가는 경험 과정이기도 하다. 물론 그 안에는 구체적 개인들이 겪는 소소한 일들도 출렁이고 있을 터이다. 그만큼 역사의 화음和音은 개인과 공동체가 서로를 감사주고 안아주는 데서 가능한 것이다. 이때 모든 이들을 안아 들이려는 시인의 너른 국량局量이 여러모로 나타나고 있는데, 우리는 시인 특유의 따뜻한 시선을 통해 이채로운 역사적 경험이 깃들인 장면들을 숱하게 만나게 된다.

> 이름을 기억하지 못하는 한 종의 사막 벌레는 서로를 감싸고 더위를 져 나르고 있다 굵은 돌 그림자 아래서는 쟁기질이 한창이다 저 붉은 사막에도 씨를 파종하여 텃밭을 일구려나 보다 사막은 사막으로서 열렬한 존재다 도시는 그렇게 생겨난다 사막에 서 있으면 허기짐과 사랑 도시, 문명을 잊는다 이음쇠 하나 없이 줄줄이 이어지는 생生이다
>
> 풀잎 끝마다 가시로 무장한 풀들은 불면으로 문명과 싸웠다 그들이 포획한 것은 대책 없는 생을 유지하는 것이다 누군가 끈질긴 폭력으로 몰아쳐 와 가시 없는 밑둥부터 파먹는 것을 알면서도 손을 쓰지 못한다 멀지 않은 곳에 오아시스가 있는데 그들은 알지 못한다 침략자들도 이동을 거부한다 다른 세상의 존재를 부정한다 결국 그 자리에서 생을 마감하는 것일 뿐이다
>
> 사막에 쏟아지는 햇살은 윤기 나는 낭만이 없다 낙타도 당나귀도 인상을 구기고 산다 중세 도시에 가라앉은 태양은 다시 떠오르지 않는다 모든 길은 사막으로 모였다가 다시 사막으로 갈라졌다 그렇게 알렉산드로스도 칭기즈칸도 티무르도 다녀갔다 퍽퍽한 하늘 틈새로 늙은 어미의 바튼 젖줄기가 흐를지도 모른다 걸음마를 배우는 아이처럼 뒤뚱거리며 어느 방향이든 탈출을 시도해야 한다
>
> —「실크로드를 건너다」 전문

"시간의 행간에 느긋한 밑줄을"(「자암 선생」) 그으면서 아득한 시원始原의 질

서를 따라나선 시인은, 붉은 사막에서도 파동을 하고 텃밭을 일구려는 사람들의 모습을 바라본다. 굵은 돌 그림자 아래 쟁기질이 한창인 곳에서 "사막은 사막으로서 열렬한 존재"임을 발견하고, 사막에서도 "허기짐과 사랑 그리고 도시, 문명"을 잊고 "이음쇠 하나 없이 줄줄이 이어지는 생生"을 경험하는 것이다. 그렇게 실크로드에서는 가시로 무장한 풀들이 문명과 싸우고, 누군가의 끈질긴 폭력에 속수무책으로 당하면서도 "멀지 않은 곳"에 있는 오아시스를 알지 못했던 역사가 숨쉬고 있다. 사막은 한편으로 우리에게 "하늘과 땅이 서로 맞닿은 기억으로부터 적막은 생겼으리라"(「사막풀」)는 순간의 깨달음도 주지만, "모든 길은 사막으로 모였다가 다시 사막으로" 갈라져간다는 엄연한 역사적 사실도 가르쳐준다. "그렇게 알렉산드로스도 칭기즈칸도 티무르도" 다녀간 이곳에서 시인은 "걸음마를 배우는 아이처럼 뒤뚱거리며 어느 방향이든 탈출"을 감행해야 한다고 노래한다. 그렇게 사막은 광장이자 감옥이요, 삶의 터이자 불모지였던 것이다. 이미 "유목민의 영광"(「티무르 대왕릉을 친견하며」)은 사라졌지만, 거기에는 "모든 길들의 경계가 무너진"(「화석물고기」) 인류의 오랜 역사가 숨 쉬고 있고, 나아가 "어디만큼 왔는지 어디까지 가야 하는지"(「계절의 헛기침」) 모를 이들의 신비로운 지남指南이 남아 있는 것이다.

이처럼 김현조의 시는, 우리의 삶 가운데 가벼운 일상적 감각으로는 도저히 착안할 N 없는 커다란 인간 역사에 대해 이야기하면서, 서정시가 포착하는 것이 역설적이게도 가장 깊은 역사의 결이며, 그 결이야말로 서정시가 추구하는 비의秘義를 가장 첨예하게 보여주는 창窓이라고 노래해간다. 그것을 인류 시원의 역사인 사막에서 찾은 것이다. 다음은 우리의 아픈 역사를 찾아간 노래이다.

퍼렇게 날선 이파리의 기세에
소리 없이 떨어져내리는

푸른 오월

수많은 꿈들 쓰러진 도청광장에서
햇살은 벌떼처럼 쏟아지고
낡은 더듬이로 흔적을 더듬거리는
남은 꽃잎들
고딕체의 열매를
봄의 숭고함이라 했던가
잃어버린 자, 찾으려는 자
떠도는 넋일 뿐
쓰러진 우리의 소망이 흩어진 지금
이른 봄 피었던
꽃들, 와르르 무너져 내리고
널브러진 오월은 슬픈 눈이다

—「오월」 전문

시인의 예민한 시선은 "퍼렇게 날선 이파리의 기세에/소리 없이 떨어져내리는/푸른 오월"을 바라본다. 거기에는 "수많은 꿈들 쓰러진 도청 광장"이라는 역사적 기표가 그날의 상처를 고스란히 드리우고 있다. "봄의 숭고함"처럼 꽃잎들이 남아 있지만, "잃어버린 자, 찾으려는 자/떠도는 넋일 뿐"인 그곳의 오월은 충분히 가라앉아 있다. 이때 시인은 "쓰러진 우리의 소망이 흩어진 지금"에 이르러 "이른 봄 피었던/꽃들, 와르르 무너져 내리고/널브러진" 순간들을 기억하면서 "오월은 슬픈 눈"이라고 노래한다. 이처럼 오월의 슬픈 눈과 시간에서 우리는 아직도 "귀 대어 들어보면 모두가 깊고 깊은 사랑뿐"(「떠다니는 계절」)임을 절감할 수 있을 것이다. "그대에게 다다르고 싶은 열망처럼"(「함성」) 강렬했고 "혼자 사랑을 피우는 꽃처럼"(「청산도」) 아름다웠던 그들에게 상처가 씻기고, 역사 속의 광휘가 역설적으로 그들에게 번져가기를 희원하는 마음이 가득하다.

사실 우리의 기억 속에 역사는 공포의 대상이라는 속성과, 더불어 살아가야 할 생명들의 터전이라는 속성을 공유하고 있다. 그래서 우리는 역사를 기억하면서도 그 안에서 뭇 생명들과 사이좋게 공존하는 지혜를 배워야 했다. 하지만 인간의 지성이 고양되고 과학기술이 발달하면서, 인간은 역사를 넘어설 수 있다고 믿었고, 급기야는 자신의 욕망을 위해 역사를 허물어나가기도 했다. 서정시는 이러한 인간의 욕망 과잉을 비판하면서 역사의 줄기와 뿌리에 대한 선명한 기억을 보존해왔다. 김현조 시편은 이러한 역사에 대한 근원적 가치와 질서를 구축하고 탈환하는 데 매진하면서, 잔잔하지만 그 나름의 걱정을 얹은 노래를 불러온 것이다. 우리 서정시의 퍽 귀한 권역이 아닐 수 없다.

6.

근원적으로 서정시는 진솔한 자기 고백과 자기 확인을 일차적인 창작 동기로 삼는 언어 양식이다. 따라서 그것은 철저하게 시인 스스로의 성찰과 다짐을 매개로 하여 언표된다. 그만큼 서정시의 밑바닥에는 시인이 오랫동안 겪은 경험 가운데 가장 깊은 기억의 층이 녹아 있는 경우가 많다. 그 시간의 층에서 시인은 회상과 예감을 교차적으로 치러내면서, 현실 질서의 구축보다는 상상 질서의 탈환 과정을 선명하게 보여주게 된다. 그래서 시인들은 주체(인간)와 대상(우주) 사이에 상호 연관성을 부여하면서, 삶의 비극성과 우주적 심미성 사이를 진자 운동하는 것이다.

김현조의 시는 이러한 존재론적 발견을 가능케 하는 편재적遍在的 원리이면서, 동시에 스스로를 완성하는 둘도 없는 원천적 기율로 다가오기도 한다. 이처럼 그의 시편들은 서정시에 대한 이러한 생각과 경험을 다양하게 변주해내면서, 사물 곳곳에서 '시'를 발견하는 양상으로 나아간다. 이역에서 상상하는 역사의 무게와 서정의 깊이가 거기에서 충실하게 가능했을 것이다. 그래서 우리는, 이번 시집에서 거둔 커다란 스케일과 주밀한 감각의 성취를 든든한 자산으로 삼아, 김현조 시인이 다음번 시집에서 더욱 크고 견결한 세계로 나아가게 되기를, 마음 모아, 소망해보는 것이다.

김현조 시선집
우스운 일

인쇄 2025년 12월 26일
발행 2025년 12월 30일

지은이 김현조
발행인 서정환
펴낸곳 신아출판사
주소 전북 전주시 완산구 공북 1길 16
전화 (063) 275-4000
팩스 (063) 274-3131
이메일 sina321@hanmail.net
출판등록 제465-1984-000004호
인쇄 · 제본 신아문예사

저자와 협의, 인지는 생략합니다.
잘못된 책은 바꿔 드립니다.

ISBN 979-11-24068-41-0 03810
값 15,000원

Printed in KOREA

이 책은 전북문화관광재단으로부터 지원을 받아 제작되었습니다